儒學思想的時代演變

——從聖人到朱熹

萬世師表、王道使者、經學大家、古文領袖、道統傳人⋯⋯儒家思想的學術流變

韓品玉——主編　　于慧，翟榮惠——編著

U0078227

儒學自漢代成為學術正統，深深影響傳統文化思想上千年，
其核心更深刻烙印在中華文化的血液中，塑造獨特的民族性，

在儒學傳承的歷史進程中，各時期的儒者思想更反映出時代思潮，
自聖人起，道衰後出現承繼者、乃至最終集大成，
其人其作所展現的中庸不偏、仁義忠恕並未散佚，仍熠熠生輝！

目 錄

目錄

目錄

目錄

目錄 ————————————————————

前言

　　中國傳統文化是中華民族精神的基石，數千年來代代傳承，從未中斷，我們當前的思想感情和儀容行止無不帶有民族文化的烙印。儒家文化是傳統文化的主體，深刻地影響和塑造著中華民族的靈魂與面貌。儒家文化中有許多優秀的內容，如剛健有為、積極進取、溫和謙讓、仁民愛物、中庸不偏、博大寬容等。對於儒家文化，我們要有全面深入的了解，在掌握民族文化要義的基礎上，對它進行甄別評判和選擇運用。

　　編寫這本書的目的，首先是要讓讀者了解歷代儒家先哲的思想精義，知道他們在各自的時代對宇宙、人生有哪些追問、探求和發現。同時，要讓讀者認知到儒家思想是一個開放的系統，它在不斷地融入新鮮血液而不斷地新生，至今仍然閃爍著熠熠光芒，給我們帶來啟示。例如，儒家思想中特有的修養理論，歷史上曾對整個中華民族的道德情操產生過重大影響；今天，作為寶貴的思想財富，這些理論也能夠在道德建設中造成積極的作用。儒家思想不僅沒有斷裂，而且依然保持著活力，也必將為民族文化的發展做出新的貢獻。

　　我們真切地希望這本書能成為讀者的良師益友。透過對

前言

儒家先哲事跡、思想的巡禮，讀者能夠走近聖賢，借力經典，在當今的社會中走得更加堅定有力。

第一章　孔子

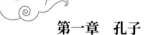

▍孔子其人

孔子像

　　孔子（前五五一年～前四七九年），名丘，字仲尼，魯國陬邑（今山東曲阜）人。孔子的祖先是西周宋國的貴族，其曾祖父孔防叔始遷居魯國。孔子的父親叔梁紇曾做過魯國陬邑的邑宰。叔梁紇年老時娶顏徵在，婚後不久顏徵在生了孔子。據司馬遷《史記·孔子世家》記載，孔母「禱於尼丘得孔子」，這大概是孔子得名的原因。

　　孔子三歲時，父親去世，母親便帶著他離開陬邑，遷居到魯國國都曲阜城內的闕裡。孔子年幼時，「為兒嬉戲，常陳俎豆，設禮容」（《史記·孔子世家》），喜歡學習各種知識和禮儀。他十六七歲時，母親去世。少時的孔子生活困苦，因此他說：「吾少也賤，故多能鄙事。」（《論語·子罕》）艱難的境遇激勵孔子奮發圖強，他一邊謀生，一邊刻苦自學、磨礪自我，很快就在社會上獲得了一定的聲譽。二十歲以後，他做過管理倉庫的「委吏」和管理畜牧的「乘田」等小吏。

　　孔子少年時即有志於學，且終身勤學不怠。他說：「我非生而知之者，好古，敏以求之者也。」（《論語·述而》）

他曾向郯子詢問郯國的古代官制,也曾到東周王都雒邑(在今河南洛陽)考察周代禮樂,問禮於老聃,問樂於萇弘。孔子三十歲左右學有所成,便開始設教閭裡,招收學生。相傳他有弟子三千,其中有七十二位賢人。他因此成為中國教育史上首位開辦私學的教育家。

孔子所處的年代,魯國公室衰落,世卿季氏大權在握。魯昭公二十五年(前五一七年),魯國發生內亂,魯昭公兵敗,出奔齊國。孔子也來到齊國,希望得到齊景公的任用,但由於晏嬰的反對,最終未能仕齊。於是孔子回到魯國,繼續從事教育和古代典籍的整理工作,一直到五十歲。

孔子五十一歲時,被季桓子執政的魯國委任為中都宰,後又被任命為司空和大司寇。任大司寇期間,他展現出傑出的政治才能。為了強公室、抑三卿,他曾發動「墮三都」的活動,但是以失敗告終。因與季氏矛盾尖銳,他不得不攜弟子周遊列國。他先後到過衛、曹、宋、陳、蔡等國,論道求仕,但處處碰壁。周遊列國十四年之後,已步入晚年的孔子又回到魯國,繼續從事教育及文獻整理工作,直到去世。

孔子是春秋末期最有影響的思想家、教育家、政治活動家。他創立的儒家思想成為其後兩千多年中華文化的核心,是中華民族文化精神的集中體現。他則被後世尊為「聖人」、「至聖先師」、「萬世師表」等。

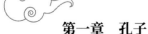

▎《論語》其書

《論語》由孔子的弟子及其再傳弟子編撰而成，以語錄體散文的形式，記錄孔子的言語、以及孔子與弟子或時人的對話。全書共二十篇、四百九十二章，每篇的標題取自首章首句的前兩個字，各篇之間沒有時間的先後順序。《論語》集中體現了孔子的政治主張、倫理思想、道德觀念以及教育原則等，是儒家的經典之一，也是後人研究孔子思想的主要依據。

《論語》

西漢時期，《論語》有今文《齊論語》、《魯論語》和古文《論語》三種版本。西漢末年，張禹以《魯論語》為基礎，參考《齊論語》，編纂而成《張侯論》。東漢末年，鄭玄又混合《張侯論》與古文《論語》，這便是現行的《論語》。

現存最早的《論語》注本是何晏《論語集解》。另外，朱熹《論語集注》、劉寶楠《論語正義》也是很著名的注本。南宋時期，朱熹將《論語》與《孟子》、《大學》、《中庸》合稱為「四書」。

孔子對「禮」的思考

「禮」是孔子政治思想中的重要概念，在《論語》中出現頻率很高。「禮」就是周禮，是在周初形成的一整套典章、制度、禮節、規範。作為制度文化，它既是政治原則，又是修身原則，對形成和維護西周社會的宗法等級秩序產生了關鍵性的作用。孔子說：「周監（鑒）於二代，鬱鬱乎文哉！吾從周。」（《論語・八佾》）這表達了他對西周禮儀制度的讚美之情。

孔子生活的春秋時代，早期奴隸制崩潰，氏族統治體系已經瓦解，臣弒君、子弒父的事情屢屢發生，社會動盪不安。孔子對這種「禮壞樂崩」的現象痛心疾首，認為已經到了「天下無道」的地步。在他看來，出現這種情況，是因為周禮的權威已遭破壞，各種禮制名存實亡。要制止暴行、重整秩序，就必須恢復周禮，加強宗法等級制度。孔子一生都致力於恢復周禮，他說：「如有用我者，吾其為東周乎？」（《論語・陽貨》）

怎樣恢復周禮？怎樣才能使禮節、規矩產生效力？孔子認為，最關鍵的是「正名」，它是使禮產生效用的前提。他說：「名不正則言不順，言不順則事不成，事不成則禮樂不興，禮樂不興則刑罰不中，刑罰不中則民無所錯（措）手足。」（《論語・子路》）要恢復周禮、整頓秩序，必須正

名。只有正名，才能使刑罰產生應有的作用，百姓的生活才得以安頓。

　　所謂「名」，是周禮所規定的等級名分。在孔子看來，名分要遵守古制，不可隨意更動。而當時的情況是，名實常相背離，上下尊卑的秩序被打亂了。例如季氏身為大夫而舞八佾，屬於僭越，對此孔子憤慨地說：「是可忍也，孰不可忍也？」（《論語·八佾》）

　　孔子所正之名，首要的是「君君，臣臣，父父，子子」（《論語·顏淵》）。被稱為「君」的人，就要具備「君」所應有的德行，得到「君」所應有的權力；被稱為「臣」的人，就要具備「臣」所應有的德行，履行「臣」所要履行的職責……社會中的每個人都要根據名分來確定自己的角色，這樣才能恢複本有的等級秩序。

　　在禮的運用上，孔子強調重視禮的實質，反對流於形式。他說：「禮云禮云，玉帛云乎哉？樂云樂云，鐘鼓云乎哉？」（《論語·陽貨》）玉帛和鐘鼓只是禮樂的形式，人們的禮樂活動不應停留在形式上，而要凸顯禮樂的實質。他還說：「麻冕，禮也；今也純，儉，吾從眾。」（《論語·子罕》）用麻來織禮帽是傳統的禮的規定，現在大家都改用絲來製作禮帽了，這雖然和過去的禮不同，但合於儉德、順乎人心，所以孔子支持這樣的改變。這裡，孔子強調的是禮要

順乎人心。禮的儀式重在表達內心，而不在於場面多麼隆重，因此他說：「禮，與其奢也，寧儉；喪，與其易也，寧戚。」（《論語·八佾》）儀式的簡約樸素，勝過鋪張奢華；在喪禮上心含悲痛，勝過禮節的繁複。這樣就把禮和人心結合起來了。孔子又說：「人而不仁如禮何？人而不仁如樂何？」（《論語·八佾》）不仁之人，沒有真心，雖行禮樂，也是徒具形式。

關於禮對政治秩序的價值，孔子說：「道之以政，齊之以刑，民免而無恥；道之以德，齊之以禮，有恥且格。」（《論語·為政》）只用政令和刑罰來統治民眾，雖可一時防範民眾作亂，但不能使人們對罪惡產生羞恥感，也就不能保證民眾以後不作亂；如果禮治德化與政令刑罰並用，就能使民眾產生道德感，從而自覺約束自己的行為，達到預防作亂的目的。這樣的論述，使禮和道德人心建立了連繫。與刑的外在強制性相比，禮的優勢就在於把秩序和人心連繫了起來。

禮不僅有為政的價值，而且與道德修養有關。孔子曾對兒子孔鯉說：「不學禮，無以立。」（《論語·季氏》）學禮，才能成為有道德的君子。「君子博學於文，約之以禮，亦可以弗畔（叛）矣夫。」（《論語·雍也》）君子不僅要廣泛學習文化知識，而且要約束自己的行為，才能使自己不越規矩、不犯錯誤。

孔子對「仁」的思考

「仁」字在《論語》中出現了上百次，是孔子思想的主要範疇。這一範疇在孔子之前就有，但將其作為思想的核心，則是孔子的創造。孔子對這一概念進行發揮，形成了他的仁學思想。

「仁」的字義，從「人」從「二」，指人與人之間的關係。那麼，孔子所說的「仁」指怎樣的人際關係呢？《論語·顏淵》記載：「樊遲問仁。子曰：愛人。」可見孔子認為，仁的基本含義就是「愛人」，即普遍地給予他人關懷和同情，用愛來處理人與人之間的關係。愛是人類的一種美好情感，如此說來，仁學思想是建立在情感性的心理原則之上的，並賦予了人性最美善的本質。

孔子又講了仁的根本。他說：「其為人也孝弟（悌），而好犯上者，鮮矣。不好犯上而好作亂者，未之有也。孝弟也者，其為仁之本與！」（《論語·學而》）孝悌就是對父母、兄長的愛。這種血親之愛，是人類最重要的愛，也是愛的開端。以孝悌為起點，擴展到對其他人及物的愛，也就是「弟子入則孝，出則悌，謹而信，泛愛眾，而親仁」（《論語·學而》）。由孝而悌，而朋友之信，而博愛眾人，這樣就接近了仁。孔子將源自血緣之愛的孝悌作為仁的根本，為仁建立了現實而合理的基礎。

那麼，怎樣實現仁呢？孔子的弟子曾參說：「夫子之道，忠恕而已矣。」（《論語·里仁》）他認為「忠恕」就是實現仁的方法。「忠」，就是真心實意地為他人著想，也就是孔子所說的「己欲立而立人，己欲達而達人。能近取譬，可謂仁之方也已」（《論語·雍也》）。「能近取譬」的「仁之方」，就是由自己的欲求，推想到別人的欲求——自己想要的，是不是別人也想要呢？這是考慮怎樣對人。「恕」，就是「己所不欲，勿施於人」（《論語·衛靈公》），自己不願意接受的，也不要強加給別人，這是考慮怎樣對己。「忠恕」也就是將心比心、推己及人，在處理自己與他人的關係時，能夠設身處地替別人著想，以這樣的方式來「愛人」。

禮與仁有十分密切的關係。「克己復禮為仁。一日克己復禮，天下歸仁焉。」（《論語·顏淵》）孔子以仁釋禮，把禮建立在仁愛的基礎之上；同時，仁也受到禮的制約，維護禮的秩序是仁的根本目標。當宰我認為「三年之喪」太長時，孔子說：「子生三年，然後免於父母之懷。夫三年之喪，天下之通喪也。予也有三年之愛於其父母乎？」（《論語·陽貨》）小孩出生三年後才能脫離父母的懷抱，子女守喪三年，可以算是對父母之愛的回報。既然親子之愛是三年之喪這一禮儀的緣由，那麼，作為心理需求的愛就成了禮儀的基礎。這樣，禮儀就從外在的硬性規定變成人的內在要

求，變成人們自覺的理念和習慣。所謂三年之通喪，是要使子女對父母的愛有一個普遍的表現形式，從而建立起人們普遍遵守的倫理秩序。所以說，仁的根本目標是禮。

就主要方面而言，孔子關於仁的學說，體現了人道精神；關於禮的學說，體現了對制度的重視和對秩序的追求。人道主義是人類永恆的主題，而制度和秩序是維繫文明社會的基本要求。孔子關於仁和禮的思考是中華古代政治思想的精華。

▌孔子心目中的理想人格 —— 仁人

在禮壞樂崩的時代，孔子以仁釋禮，把根於心理原則的仁作為禮的基礎，也就是把復興周禮的重任放在了每個社會成員的肩上。如果說仁在外在方面強調愛人，那麼，其內在方面則強調個體人格的塑造。在天下無道之時，需要的是一批具備仁的仁人君子。

孔子說：「為仁由己，而由人乎哉？」（《論語·顏淵》）復興周禮，實現仁的目標，需要自覺主動，從我做起。「仁遠乎哉？我欲仁，斯仁至矣。」（《論語·述而》）仁的目標雖然高遠，但並非遙不可及，只要積極追求，就能實現。「當仁不讓於師」（《論語·衛靈公》），對於仁，應該主動實踐，有當仁不讓的精神。這些論述表明，仁是理想

的人格，是偉大的追求，具有這一追求的個體，會主動地承擔歷史責任，以身作則地去實踐。因為求仁是對完善人格的追求，所以孔子特別強調道德修養和學習，這也是他身體力行的。

《論語》中有很多對已具備偉大人格的仁人志士的描述：「士不可以不弘毅，任重而道遠。仁以為己任，不亦重乎？死而後已，不亦遠乎？」（《論語·泰伯》）這是說仁人志士懷著宏偉抱負，主動承擔歷史重任，孜孜不倦地奮鬥，鞠躬盡瘁，死而後已。「可以托六尺之孤，可以寄百里之命，臨大節而不可奪也，君子人與？」（《論語·泰伯》）這是說可以把幼小的孤兒和國家的命運都託付給他，他面臨生死存亡的關頭也不屈服，這樣的人就是君子。「志士仁人，無求生以害仁，有殺身以成仁」（《論語·衛靈公》），這是說仁人志士有殺身成仁的決心和準備。類似的論述還有很多，如「內省不疚，夫何憂何懼」（《論語·顏淵》），「三軍可奪帥也，匹夫不可奪志也」「歲寒，然後知松柏之後凋」（《論語·子罕》）。在這些論述間，《論語》樹立了偉大的個體人格。這樣的仁人君子，具有救世的理想和自我犧牲的精神。他們不計榮辱得失，「不怨天，不尤人」（《論語·憲問》）；他們臨危不懼，堅定執著。孔子的理想就是要做仁人，但他謙虛地說：「若聖與仁，則吾豈敢！抑為之不

厭，誨人不倦，則可謂云爾已矣。」（《論語・述而》）意思
是：說到聖與仁，我怎麼敢當？我只不過向聖與仁的方向努
力而從不厭煩，不知疲倦地教誨別人學仁罷了。孔子樹立的
這種仁的個體人格，對人格養成產生了很大影響，歷朝歷代
都有執著於理想、勇毅果敢、堅強不屈的仁人志士。《論語》
經久不衰的魅力，不僅在於它闡釋了一套影響中華文化兩千
多年的哲學，也在於它展示了一個動人的仁人君子的形象。

▌孔子的人生態度 —— 樂以忘憂

　　孔子說：「飯疏食飲水，曲肱而枕之，樂亦在其中矣。
不義而富且貴，於我如浮雲。」（《論語・述而》）儘管生活
艱苦，他依然感到快樂。這是一種精神上的快樂。他並不反
對富貴，反對的只是以不正當手段取得的富貴。他還說自己
「發憤忘食，樂以忘憂，不知老之將至云爾」（《論語・述
而》）。雖然辛苦忙碌以至廢寢忘食，但他總是快樂前行，
忘記了生活中的煩惱和憂愁。

　　之所以能如此，是因為孔子有崇高的精神追求 ——
「道」。因為有崇高的精神追求，所以並不在意周圍的物質環
境，即使在條件很差時，他依然快樂。他說：「朝聞道，夕
死可矣。」（《論語・里仁》）「道」是他的終極追求，他的
一生都在求「道」的途中。「君子坦蕩蕩，小人長戚戚。」

（《論語‧述而》）君子在通向「道」的光明路途中奔走，根本不會顧及個人的得失，所以總是快樂的；小人沒有方向，每走一步都患得患失，所以常常不快樂。孔子的這種快樂，是一種精神達到了「仁」的境界所產生的快樂。他的學生顏回也擁有這樣的快樂。孔子稱讚顏回：「賢哉回也！一簞食，一瓢飲，在陋巷，人不堪其憂，回也不改其樂。賢哉回也！」（《論語‧雍也》）孔子認為顏回已經達到了仁人的精神境界，因而對他大為讚賞。這種「樂」，就是後人常說的「孔顏樂處」。

孔子把對超功利的「道」的追求看得比物質享受更重要。有了這樣的精神信仰，就會生活得快樂、充實，並具備超越常人的人格力量。需要說明的是，對「道」的追求，並沒有使孔子成為禁慾主義者。他並不拒絕物質享受，在追求超越性的「道」的同時，他仍然保持著一種有節制的世俗物質生活。這是一種將精神信仰和現世享受結合在一起的生活，它豐富而和諧、節制而自由，使人生通向「樂以忘憂」的境界。

這種通達的態度，使孔子重視人之性情的自由。他認為人的性情只要合於禮，就完全可以順其自然地流露出來。人們的行為標準，應該有一部分是依從內心而不受外在強制的，是可變的、而不是固定的，是活的、而不是死的。人們

的行為可因時因地，隨著性情的自然趨向而有所不同。孔子曾評論伯夷、叔齊、柳下惠等前賢之所為，並總結道：「我則異於是，無可無不可。」（《論語·微子》）前賢的行為雖然值得讚許，但我不一定要同他們一樣。有的人過於迂執，不知靈活處變、順勢而為，那麼這些人「可與立，未可以權」（《論語·子罕》），就是說，這樣的人是不能與其權衡大事的。

▌孔子論「天命」和「鬼神」

天命是孔子及其弟子談論的一個重要概念。在古人眼中，天是具有最高意志的，能主宰一切的權威。天命就是天的命令，它被看作是決定大至政權更替，小至個人禍福的力量。孔子的學生子夏曾說「死生有命，富貴在天」（《論語·顏淵》），即貧賤富貴、死生禍福由天命決定。可以說，孔子持有天命論，認為命是外在於人的不可抗拒的力量。他說：「道之將行也與？命也。道之將廢也與？命也。」（《論語·憲問》）孔子認為他的使命和政治主張能否實現，由命來決定。道的行廢，不是人力所能決定的。也就是說，命是來自外部的限制和規定，體現了人的無可奈何的處境。人是受限制的存在，而限制人存在的就是天命。所以，孔子對天命心存敬畏。他說「君子有三畏：畏天命，畏大人，畏聖人

之言」（《論語‧季氏》），認為天命、統治者和聖人所說的話，這三者都是可敬畏的。

孔子自述經過許多曲折和努力才使自己的行為符合天命：「吾十有五而志於學，三十而立，四十而不惑，五十而知天命，六十而耳順，七十而從心所欲，不踰矩。」（《論語‧為政》）這是孔子晚年對自己一生各階段的概括：十五歲時，有志於道，開始追求理想的品德 —— 仁；三十歲時，學禮已經達到一定的程度；四十歲時「知人」，不再感到迷惑；五十歲時了解了天命；六十歲時，開始順著天命做事；七十歲時，對規矩的遵從完全出於自然，已經到了從容中道的境界，一言一行從不偏離天命。

孔子還認為，人事雖然是由天命所決定的，但人還是應該盡自己的力量，做他認為應該做的事，不要管成功與失敗。子路談論孔子說：「君子之仕也，行其義也。道之不行，已知之矣。」（《論語‧微子》）這是說孔子從政為的是實現君臣之義，可他早已經知道，自己所追求的「道」在當時不可能施行，而只能「知其不可為而為之」（《論語‧憲問》）。

孔子的一個學生對他說，我不是不喜歡您說的道，只是我的力量不足。孔子回答說，你這是畫了一條線把自己限制起來了。在追求道的過程中，個人是不能放棄努力的，不能以命為藉口畫地為牢。天命可能會使我們的行動失敗，但不

能阻止我們去做事。

孔子對鬼神的態度也非常謹慎。他不否認鬼神的存在，但也不議論鬼神，所謂「子不語怪力亂神」（《論語·述而》）。子路問他有關鬼神的事，他說：「未能事人，焉能事鬼？」子路又問關於死的事，孔子答：「未知生，焉知死？」（《論語·先進》）這是說，你還沒服侍好人，談什麼服侍鬼呢？你還不了解生，談什麼死呢？可見孔子往往迴避談論鬼神。

孔子對鬼神採取敬而遠之的態度，說：「祭如在，祭神如神在。」（《論語·八佾》）祭祖先時，心要誠，好像祖先就在那裡；祭神也要心誠，好像神就在那裡。他又說：「敬鬼神而遠之，可謂知矣。」（《論語·雍也》）對鬼神要敬，但又要遠離它，這是一種聰明的做法。

由此可見，孔子既不否定也不強調鬼神的存在。之所以採取這種模糊的態度，是因為他認為鬼神的問題不是一個理論問題，而是一個實際問題，他考慮的是回答這類問題的現實意義和影響。因此，對於祭祀鬼神，他關注的是祭禮的實際作用。他的學生曾參說：「慎終追遠，民德歸厚矣。」（《論語·學而》）舉行喪禮、祭禮的意義，在於使民風淳厚，使人們懂得孝悌，進而達到仁的境界。這也是孔子的觀點。

在現實中保持理性，重實用、輕思辨，重人事、輕鬼神，孔子的這種實踐理性，後來發展成為中華民族文化精神的一個重要特徵。

第一章　孔子

第二章　孟子

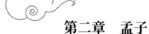

▍孟子其人

　　孟子（約前三七二年～前二八九年），
名軻，鄒（今山東鄒城）人，戰國時期思
想家、教育家。他自稱學習孔子是其一生
的志願，並以孔子思想的傳人自居。由於
他對孔子思想的繼承和發展，後世尊之為
「亞聖」。

孟子像

　　相傳孟子是魯國貴族孟孫氏的後裔。
春秋以後，孟孫氏衰落，其中的一支遷移至鄒，改姓孟氏。
孟子幼年喪父，靠母親紡織為生，所以少時貧寒。他後來能
成為大學者，離不開母親的培養，「孟母三遷」和「斷織喻
學」的故事成為流傳至今的教子佳話。「孟母三遷」是說：
孟子小時候居住在墓地附近，就經常玩辦理喪事的遊戲。母
親覺得這樣的環境對他的成長不利，便搬遷到市集附近。沒
想到孟子又學起商人做生意吆喝的樣子來，母親覺得這樣也
不是正道，於是又遷居到學校附近。從此，孟子開始學習起
揖讓進退的禮儀，母親這才放下心來。「斷織喻學」是講：
孟子小時候貪玩，讀書不用功，母親對此很生氣。有一次，
母親將紡織機上正在織的布割斷，對孟子說：「讀書是為了
將來能成大器。如果你現在不好好讀書，就會像這被割斷的
布一樣，不會有什麼大用。」孟子深受震動，從此勤學不輟。

　　孟子曾受業於孔子之孫孔伋（子思）的門人。學成之後，他開始聚徒講學，培養了很多人才。他的思想與孔子、曾子、子思一脈相承，後世把他與子思這一學派稱為「思孟學派」。

　　中年以後，孟子懷著施仁政、行王道的政治理想，周遊各國，遊說諸侯。他曾到魏國遊說梁惠王，但沒有得到重視。他又到了齊國，雖然受到齊威王、齊宣王的禮遇，並一度為卿，但其主張並未被採納。於是他離開齊國，遊歷了宋、魯、滕等國。那是一個群雄爭霸的時代，合縱連橫之說盛行，而孟子所講的仁政被認為不切實際，所以不被採納。因政治活動到處碰壁，孟子便回到家鄉繼續講學，與學生萬章等人著書立說。

▌《孟子》其書

　　《孟子》一書是孟子的言論彙編，由孟子及其弟子共同編寫而成。其書有七篇十四卷傳世，包括：〈梁惠王〉上、下，〈公孫丑〉上、下，〈滕文公〉上、下，〈離婁〉上、下，〈萬章〉上、下，〈告子〉上、下，〈盡心〉上、下。

《孟子》

南宋時期，朱熹撰《四書章句集注》，將《孟子》與《論語》、《大學》、《中庸》合稱「四書」。《孟子》在「四書」中篇幅最大，有三萬五千多字。

在百家爭鳴的年代，要闡明自己的觀點，維護自己的立場，批評其他學派，就不得不進行論辯。長於論辯，是《孟子》一書的特徵。《孟子》的論辯，巧用邏輯推理，善用比喻，大量使用排比句、疊句等手法，文風大氣磅礡，充分體現了孟子本人激越的情感、剛直的個性和卓越的論辯才華。同時，《孟子》的語言明白曉暢、平實淺近而又精練準確。因此，《孟子》一書不僅是儒家的重要學術著作，也是先秦時期成就極高的散文專集，對後世散文家韓愈、柳宗元、蘇軾等人的散文創作影響很大。

《孟子》的注本，主要有東漢趙岐《孟子章句》、南宋朱熹《孟子集注》、清代焦循《孟子正義》等。

▌民貴君輕

「仁政」是孟子政治思想的主要內容，其根本點是「民貴君輕」。孟子說：「民為貴，社稷次之，君為輕。是故得乎丘民而為天子，得乎天子為諸侯，得乎諸侯為大夫。」（《孟子‧盡心下》）他認為，在政治生活中，百姓最為重要，社稷次之，君主為輕。得到百姓擁護的人就能做天子，

得到天子信任的人就能做諸侯，得到諸侯信任的人就能做大夫。這就指明，得到百姓擁護者才能成為君主，因此君主如果失去百姓的擁護，就會成為眾叛親離的「一夫」，被趕下王位甚至被誅殺。對於誅殺不仁不義的「一夫」，孟子是持肯定態度的。他說：「賊仁者謂之『賊』，賊義者謂之『殘』，殘賊之人謂之『一夫』。聞誅一夫紂矣，未聞弒君也。」（《孟子·梁惠王下》）「民貴君輕」的思想肯定了百姓反抗暴政的權利，在以後的歷史進程中對統治者造成了一定的約束作用，對百姓反抗暴政則產生了一定的激勵作用。

孟子認為，治理國家首先要考慮的是民心之向背，他說：「桀紂之失天下也，失其民也。失其民者，失其心也。得天下有道：得其民，斯得天下矣。得其民有道：得其心，斯得民矣。」（《孟子·離婁上》）為政者治理天下，最重要的是「得其民」，即得到百姓的擁護。要得民，關鍵在於得民心。得民心的方法，是給百姓想要的，而不強加給他們不想要的。在此基礎上，孟子強調君主應與民同樂。他了解到，「樂民之樂者，民亦樂其樂；憂民之憂者，民亦憂其憂。樂以天下，憂以天下，然而不王者，未之有也」（《孟子·梁惠王下》）。只要想百姓之所想，急百姓之所急，與百姓同憂樂，就一定能治理好國家。

推行仁政也就是實行王道。孟子認為，政治有王道和霸

道兩種，王道、霸道的區別在於前者「以德」，而後者「以力」：「以力假仁者霸，霸必有大國；以德行仁者王，王不待大——湯以七十里，文王以百里。以力服人者，非心服也，力不贍也；以德服人者，中心悅而誠服也。」（《孟子·公孫丑上》）倚仗暴力而假裝愛民的人行的是霸道，霸道能夠建立大國；以德治國而愛民的人行的是王道，王道不一定以大國為基礎——商湯憑七十里國土、周文王憑百里國土就使得民心歸服。所以，暴力可使百姓服從，但並不能使其心服，因為暴力不能供養百姓；德政則可使百姓心中喜悅而誠心誠意地歸服。這裡，「以力服人」就是對內強推法令，對外武力兼併，這屬於「霸道」；「以德服人」則是用禮樂教化百姓，這屬於「王道」。

▌制民之產

　　孟子認為，要實行仁政，就應該透過井田制，讓百姓擁有土地宅園。這樣他們就能有桑麻、畜禽、絲衣、肉食，就能安居樂業而免於凍餒之苦。他說：「民之為道也，有恆產者有恆心，無恆產者無恆心。」（《孟子·滕文公上》）「恆產」是指一定的產業收入，「恆心」是指一定的道德觀念。「恆產」是「恆心」的前提和物質基礎，百姓若沒有「恆產」，就不會有「恆心」；若要讓百姓有「恆心」，就要使

他們有地可種，豐衣足食。

在孟子看來，「苟無恆心，放闢邪侈，無不為己。及陷於罪，然後從而刑之，是罔民也。焉有仁人在位，罔民而可為也？」（《孟子·梁惠王上》）物質保障是道德禮義的基礎，如果沒有固定的產業，沒有可靠的經濟來源，百姓為了生存，就會鋌而走險、犯上作亂，從而導致社會變亂。若等百姓違了法再用刑罰懲治他們，就是陷害他們。「是故明君制民之產，必使仰足以事父母，俯足以畜妻子，樂歲終身飽，凶年免於死亡，然後驅而之善，故民之從之也輕。」（《孟子·梁惠王上》）如果滿足了百姓的物質需求，讓他們生活得安樂和順，那麼對他們的教育和管理也就變得輕鬆了。「聖人治天下，使有菽粟如水火。菽粟如水火，而民焉有不仁者乎？」（《孟子·盡心上》）如果百姓的糧食像水火一樣充足，百姓怎麼可能不仁愛呢？

教以人倫

孟子認為，推行仁政必然重視道德教化。他說：「仁言不如仁聲之入人深也，善政不如善教之得民也。善政，民畏之；善教，民愛之。善政得民財，善教得民心。」（《孟子·盡心上》）意思是，仁德的言語不如仁德的音樂更深入人心，良好的執政方式不如良好的教化更深入人心。即使執政

方式很好，百姓依舊有畏懼之心；而良好的教化能受到百姓的歡迎。善政能得到財富上的累積，善教則能得到民心。

孟子主張「謹庠序之教，申之以孝悌之義」（《孟子・梁惠王上》），即在滿足百姓基本物質需要的基礎上，讓他們接受良好的教育，尤其要受到道德人倫教育。「王如施仁政於民，省刑罰，薄稅斂，深耕易耨。壯者以暇日修其孝悌忠信，入以事其父兄，出以事其長上，可使制梃以撻秦楚之堅甲利兵矣。」（《孟子・梁惠王上》）如果君主對百姓施行仁政，減輕刑罰、少收賦稅以促進生產活動，讓身強力壯的人抽出時間修養孝親敬長、忠誠守信的品德，在家侍奉父母兄長，出門尊敬長輩上級，這樣的話，即使讓他們使用木棒，也可以打敗那些擁有堅甲利兵的軍隊。如果百姓懂得「父子有親，君臣有義，夫婦有別，長幼有序，朋友有信」（《孟子・滕文公上》），就能保障社會的正常運轉和有序發展，維護社會安定和國家安全。

性善論

孟子仁政思想的理論基礎是他的性善論。孟子認為，每個人生來都有一種本性，那就是「不忍人之心」。他舉例說：「今人乍見孺子將入於井，皆有怵惕惻隱之心。非所以內交於孺子之父母也，非所以要譽於鄉黨朋友也，非惡其聲

而然也。」（《孟子‧公孫丑上》）意思是，任何人突然看見小孩子要掉到井裡，都會生出驚懼和同情之心。這種同情心不是因為和孩子父母之間的交情，不是要在鄉親面前沽名釣譽，也不是因為厭惡小孩的哭聲，而是從人的本性中發出來的，是一種天然的、純粹的對別人的危難和痛苦的同情。這就是「不忍人之心」。

孟子說：「人皆有不忍人之心。先王有不忍人之心，斯有不忍人之政矣。以不忍人之心，行不忍人之政，治天下可運之掌上。」（《孟子‧公孫丑上》）這是說，古代帝王因為有「不忍人之心」，所以就有「不忍人之政」。用這種仁義之心來行仁政，治理天下就非常容易了。由此可見，孟子仁政思想的基礎就是「人皆有不忍人之心」。

孟子把「不忍人之心」也稱作「惻隱之心」。除了「惻隱之心」，人還有「羞惡之心」、「辭讓之心」（或「恭敬之心」）、「是非之心」。這四種「心」就是所謂的「四端」：「惻隱之心，仁之端也；羞惡之心，義之端也；辭讓之心，禮之端也；是非之心，智之端也。」（《孟子‧公孫丑上》）意思是說，仁、義、禮、智四種基本道德，是從這四種天賦的「心」發端的，也可以說這四種「心」就是這四種道德：「惻隱之心，仁也；羞惡之心，義也；恭敬之心，禮也；是非之心，智也。」（《孟子‧告子上》）

　　孟子認為，每個人的本性中都有善的因素。「四端」就是四種善的苗頭，使其得到發展，就成為仁、義、禮、智四種道德，所以這四種道德也是人天性中固有的。正如孟子所說：「人之有是四端也，猶其有四體也。」（《孟子·公孫丑上》）「四端」就好比人的四肢，是人天生固有的。孟子又說：「仁義禮智，非由外鑠我也，我固有之也，弗思耳矣。」（《孟子·告子上》）仁、義、禮、智不是由外部授予人的，而是人與生俱來的本性，對此人們只是沒有多想而已。

　　孟子認為，人與禽獸的根本區別，主要就在於人有仁、義、禮、智等道德觀念。如果沒有這些道德觀念，就不能算作人，這就是他所說的「無惻隱之心，非人也；無羞惡之心，非人也；無辭讓之心，非人也；無是非之心，非人也」（《孟子·公孫丑上》）。

　　從這些言論來看，孟子認為人的本性是善的；如果說有為人不善的情況，那也不是人的本性問題，而是那些人捨棄了善的本性。

▍心性論

　　以性善論為前提，孟子強調道德的內在性與主體性，認為仁、義、禮、智等道德是與生俱來的，它根植於人的內心。《孟子·盡心上》開頭說：「盡其心者，知其性也。

知其性，則知天矣。存其心，養其性，所以事天也。」這裡的「心」就是前文所說的「四端」，「盡其心」就是儘量擴充「四端」。「四端」擴充之後，人的本性就能顯現出來，即「知其性」。又因為「天」具有仁、義、禮、智等道德屬性，人的本性是「天」所賦予的，所以說「知其性，則知天矣」，也就是說人的「心」「性」和「天」是一體的。「存其心，養其性」就是擴充「四端」，發揮仁、義、禮、智的作用。這樣，人對「天」就盡了應該盡的義務，即「事天」。

孟子接下來說：「夭壽不貳，修身以俟之，所以立命也。」這是說，人生命的長短是「命」所決定的，但是，無論生命長短，都應該努力加強道德修養，這就是「立命」。

孟子還說：「莫非命也，順受其正。是故知命者，不立乎岩牆之下。盡其道而死者，正命也；桎梏死者，非正命也。」這是說，儘管生死是「命」所決定的，但人還是要竭力按照道德要求去做。「知命」的人不會站在危險的牆下。盡力按照道德要求去做，這是「正命」；以為「死生有命」就胡作非為甚至因犯法而死，這就不是「正命」。

孟子又說：「求則得之，舍則失之，是求有益於得也，求在我者也。求之有道，得之有命，是求無益於得也，求在外者也。」這裡，孟子把人在生活中所做的事分為兩種。

一種是「求在我者」，這是關於道德修養的事情。對這些事情，如果努力追求，肯定能得到；如果不追求，肯定得不到。另一種是「求在外者」，這是關於貧賤、富貴的事情。這些事情有一定的求取辦法，但最終能不能得到，並不是由自己決定的，而是由「命」決定的。孟子認為，人應該致力於「求在我者」；對於「求在外者」，應順其自然，不必太在意。

　　孟子接著說：「萬物皆備於我矣。反身而誠，樂莫大焉。強恕而行，求仁莫近焉。」（《孟子·盡心上》）「萬物皆備我」，也就是我與萬物為一體。孟子認為，如果人能「反求諸己」（《孟子·公孫丑上》），使自己達到與萬物一體的境界，也就是「誠」，就會得到莫大的快樂。而要達到這種境界，就需要「求仁」，「求仁」的方法就是施行「忠恕之道」。

▋養氣說

　　孟子還具體描述了處在上述境界中的人所具備的精神狀態——「浩然之氣」。《孟子·公孫丑上》說：「其為氣也，至大至剛，以直養而無害，則塞於天地之間。其為氣也，配義與道；無是，餒也。是集義所生者，非義襲而取之也。行有不慊於心，則餒矣。我故曰『告子未嘗知義』，以其外之

也。必有事焉,而勿正,心勿忘,勿助長也。」

　　孟子所說的「氣」,是一種精神境界或精神狀態,處於這種狀態中,可以感到這種氣無比浩大、剛強。若持續正確地培養它而不加以損害,它就會充塞於天地之間,也就是達到與萬物一體的境界,使得「萬物皆備於我」了。

　　如何培養「浩然之氣」?那就要「配義與道」,即「義」與「道」相互配合。具體來說,一方面,要了解並相信某種道理,即「明道」;另一方面,要經常做自己認為應當做的事,即「集義」。這兩方面要相互配合,不可偏廢。在充分地「明道」、「集義」之後,浩然之氣會自然而然地生出,無須勉強就能得到,即「非義襲而取之」。孟子從反面舉例,告子把「義」當成心以外的東西,他從外部取「義」來強制「心」,也就是「義襲而取之」,這說明他不懂得「義」。孟子認為行義是「心」的自然擴展,長久地行義,浩然之氣會自然生出。

　　孟子強調了養浩然之氣應注意的問題:他所說的「以直養而無害」,就是用正確的方式培養浩然之氣,不要對它有任何損害;「心勿忘」,是指不能忘記、忽略氣的培養;「勿正」,即「勿止」,就是要長期堅持養護,不能有一刻停止;「勿助」,指氣的培養要順乎自然,不要揠苗助長。

　　用什麼來判斷自己已經養成了浩然之氣,或者說何時能

感受到「至大至剛」、「塞於天地之間」的力量呢？孟子說：
「行有不慊於心，則餒矣。」就是說，如果你對自己的行為有
感到愧歉之處，這種氣就軟弱無力了。反之，如果立於天地
之間而沒有任何愧怍之處，就會無所畏懼，這樣就養成了浩
然之氣，也就能感受到「至大至剛」、「塞於天地之間」的
巨大力量了。

▋「大丈夫」的人格理想

　　孟子重視人格建樹，提出了「大丈夫」的人格範式。
「浩然之氣」就是其「大丈夫」人格力量的源泉。

　　「大丈夫」是什麼樣的？孟子說：「居天下之廣居，立
天下之正位，行天下之大道。得志，與民由之；不得志，獨
行其道。富貴不能淫，貧賤不能移，威武不能屈。此之謂大
丈夫。」（《孟子‧滕文公下》）他所說的「大丈夫」有以下
特點：

　　首先，「大丈夫」兼具仁、禮、義的品德。「居天下之
廣居，立天下之正位，行天下之大道」，朱熹《孟子集注》
註：「廣居，仁也；正位，禮也；大道，義也。」仁、禮、義
是儒家最重要的道德規範，也是「大丈夫」人格的基本內涵。

　　其次，「大丈夫」不論窮達，都恪守正道，即「得志，
與民由之；不得志，獨行其道」。他們在朝為官時，抱著兼

濟天下的志向，為民眾做事，與民眾同甘共苦；不得志時，仍然堅守自己的為人之道。孟子還進一步指出：「士窮不失義，達不離道。窮不失義，故士得己焉；達不離道，故民不失望焉。」（《孟子·盡心上》）士人不得志時也不會失去義，所以安詳自得；顯達時也不會背離道，所以不會讓百姓失望。

最後，「大丈夫」在任何情況下都堅持操守，即「富貴不能淫，貧賤不能移，威武不能屈」。對應仁、禮、義三種道德規範，以及居仁、立禮、行義三種生命實踐，孟子分別提出了「富貴」「貧賤」「威武」三種人生境地。要成為「大丈夫」，就必須做到富貴不能亂其心，貧賤不能移其行，威武不能屈其志。

第二章　孟子

第三章　荀子

第三章　荀子

荀子其人

荀子，名況，又稱孫卿，戰國時期趙國人。荀子生活在戰國後期，約與詩人屈原同時但稍後一些。他是孟子之後儒家學派的又一位代表人物，其主要的政治、學術活動時間在公元前 298 年至公元前 238 年。

荀子像

荀子在趙國度過青少年時期，後到齊國的稷下學宮遊學，這時正是齊宣王、齊湣王時期。稷下學宮是當時規模最大、水準最高的學術中心，學術氛圍自由、融洽，對各家各派兼容並包。荀子在這裡潛心讀書，廣泛涉獵，終於貫通諸子百家。後來齊國發生了一次動亂，荀子離開齊國，來到楚國。直到齊襄王復國後，荀子才又回到齊國。此後，他在稷下學宮「三為祭酒」、「最為老師」。祭酒是學宮之長，也是名望最高的老師，在祭祀時由其舉酒祭神。荀子三次擔任祭酒，說明他在學術上有崇高的地位。

荀子曾在秦昭王時期到過秦國，對秦國的政治給予了充分肯定。他還回過趙國，與臨武君、趙孝成王談論過兵事。後來，荀子應春申君黃歇的邀請，到楚國出任蘭陵令。過了些年，楚國上層發生變亂，春申君被殺，荀子也被罷官。他便在蘭陵住了下來，著書授徒，死後葬於蘭陵。

荀子一生主要研究、傳習儒家經典，並從事教學。他的學生有很多，其中最為著名的是韓非和李斯，他們分別是戰國末期重要的思想家和政治家。因為韓非、李斯是法家的代表人物，所以後來有人懷疑荀子不屬於儒家，荀子因此受到許多人的抨擊。

荀子是與孟子齊名的儒學大師，也是先秦學術思想的集大成者。他對先秦各派思想進行了分析、批判，為建立統一的封建專制政權做了理論準備。

▌《荀子》其書

《荀子》是戰國後期儒家學派最重要的著作，經劉向校理，名為《孫卿新書》，共三十二篇。唐代楊倞為其作注，定名為《荀子》。今傳《荀子》就是楊倞編定的。

《荀子》

第三章　荀子

一般認為，《荀子》大部分篇章是荀子自己所寫，〈大略〉、〈宥坐〉、〈子道〉、〈法行〉、〈哀公〉、〈堯問〉等六篇則為荀子弟子所記，還有人懷疑〈儒效〉、〈議兵〉、〈強國〉三篇也是其弟子的紀錄。

荀子學說涉及的範圍很廣，包括哲學、政治、經濟、文學等方面，這些學說都和他所處的社會現實密切相關。在先秦儒家中，荀子的思想體系堪稱最系統、最全面，包括了自然觀、人性論、社會政治歷史觀、知識論和邏輯思想等方面，將先秦儒家思想推向一個新的高度，對後來儒家文化的發展產生了深刻的影響。

《荀子》中的文章，說理清晰，邏輯周密，論辯透闢。不但一篇之中首尾一貫、一氣呵成，而且全書的理論系統十分嚴密，各篇之間互有照應。這些文章善用生動的比喻，使說理深入淺出；喜用大量排比句，增強了氣勢；語言富贍精練，有很強的說服力和感染力。

唐代楊倞的《荀子注》是現存最早的《荀子》注本；清代王先謙的《荀子集解》，彙集、吸收楊倞及清代學者的訓詁、考訂之成果，內容宏富，考證謹嚴，代表了中國古代荀學研究的最高成就；民國時期梁啟雄的《荀子簡釋》，綜合諸家校釋成果，特別重視「簡易、簡明、簡要」；當代較好的《荀子》注本有北京大學《荀子》註釋組的《荀

子新注》、李滌生的《荀子集釋》、熊公哲的《荀子今注今譯》等。

█「天行有常」

《荀子·天論》集中體現了荀子的唯物主義自然觀。荀子所說的「天」，指物質的自然界，它獨立於人類社會之外，遵循一定的客觀規律而運行。〈天論〉開篇說：「天行有常，不為堯存，不為桀亡。」意思是，自然界有自己的運行規則，不會因為有堯這樣的明君就正常運行，也不會因為有桀這樣的暴君就改變運行規律而滅亡。荀子舉例說，天不會因為人厭惡寒冷就廢止冬季，地也不會因為人害怕遼遠就縮小其面積。也就是說，自然界有它自己的規律，不以人的意志為轉移。社會中的吉凶、治亂和自然界的變化之間沒有必然連繫。

荀子對禹、桀時代的自然狀況和社會治亂情況做了比較，他說：「日月、星辰、瑞歷，是禹、桀之所同也，禹以治，桀以亂，治亂非天也。」日月、星辰、曆象，在禹、桀的時代都是相同的，而禹時天下大治，桀時天下大亂，可見「天」與「治亂」之間沒有必然的關聯，自然條件不能影響和控制人類社會的運轉。

荀子主張把自然和人事區分開來，反對天人感應、祥瑞災異的神祕思想。他說：「星隊（墜）、木鳴，國人皆恐。

曰：是何也？曰：無何也，是天地之變，陰陽之化，物之罕
至者也。怪之，可也；而畏之，非也。」對於星辰墜落、樹
木發聲、日食、月食、狂風暴雨等異常的自然現象，大家都
感到恐懼，其實這不過是自然界本身的變化，並不神祕，只
是相對於一般的自然現象而言，它們較為罕見罷了。因為其
罕見而感到奇怪，這倒沒什麼；把它們當成上天對人類的警
告並產生恐懼，那就不對了。

　　荀子認為，如果政治清明，即使那些異常的自然現象同
時出現，對社會而言也沒什麼大礙；如果政治昏暗，即使不
出現異常現象，社會狀況也好不到哪裡去。傷害社會穩定的
不是上天，而是人事，是政治的昏暗、生產的破壞和道德
的混亂。所以人們不要迷信天的權威。荀子說：「強本而節
用，則天不能貧；養備而動時，則天不能病；修道而不貳，
則天不能禍。」只要人們加強農業這個根本，並節約費用，
天就不能使其貧窮；只要衣食齊備，並適時活動，天就不能
使其生病；只要遵循規律而不出差錯，天就不會使其遭殃。

▋「明天人之分」

　　在〈天論〉篇中，荀子否定了天命決定人事的陳舊觀
點，力主「明天人之分」。他說：「受時與治世同，而殃禍
與治世異，不可以怨天，其道然也。」這是說，「亂世」所

遭遇的天時與「治世」相同，而出現的災禍卻與「治世」相異，這完全是由統治者自己造成的，他沒有理由去埋怨「天」。荀子進而說：「故明於天人之分，則可謂至人矣。」就是說，如果明白了「天人之分」，就可稱作達到最高境界的「至人」了。

「明於天人之分」的「分」，指「職分」。「明於天人之分」，就是說能夠區分天的職分和人的職分。在荀子看來，天和人有不同的內在秩序和規律，有不同的分工，發揮著不同的作用。天的職分不同於人的職分，人的職分也不同於天的職分，身為主體的人應該將其區分開而「不與天爭職」。「天職」是什麼？荀子說：「不為而成，不求而得，夫是之謂天職。」「天職」就是「天」依照自己的規律，無目的地運行，其作用就是在無形當中使萬物得以生成。可見，在荀子那裡，「天」是自然的天，即自然界。它沒有意志、沒有目的，不是具備人格的神。荀子「明天人之分」的思想，劃清了天和人的界限，也就是將自然界和人類社會做了劃分。他承認自然界獨立於人類社會而存在，物質獨立於人的意識而存在。也就是說，自然、物質和客觀世界是第一性的，社會、精神和主觀世界是第二性的。

荀子在肯定了自然界的客觀性之後，又講了人的產生。他說：「天職既立，天功既成，形具而神生，好惡喜怒哀樂

臧焉。」這是說，由於自然的作用，人有了形體，又由形體
而有了精神。他認為，人也是從自然界中產生出來的，是自
然萬物的一種，所以人和其他動物一樣，是在自然界中競爭
生存的。

　　人既然是自然界的產物，就不能違反自然界的規律。那
麼，人在自然界中的地位是怎樣的呢？荀子說：「聖人清其
天君，正其天官，備其天養，順其天政，養其天情，以全其
天功。如是，則知其所為，知其所不為矣，則天地官而萬物
役矣。」意思是，人若能使其「心」保持清明，充分發揮自己
器官的功用，儘量利用自然界的東西養活自己，不斷地減少
禍患、增加福分，就是很好地發揮了自己的能力，天地就可
為人所用，萬物就可為人所使。如此說來，人雖然是自然界
的一部分，但能透過發揮自己的能力，成為天地萬物的主人。

　　荀子認為，人只要「明於天人之分」，知道「天職」是
什麼，並且「不與天爭職」，知道哪些是自然本有的東西，
哪些是人創造出來的東西，不對天抱有幻想，而是盡力發揮
自身的作用來創造，這樣，就可與天地並立了。所以他說：
「天有其時，地有其財，人有其治，夫是之謂能參。」上天有
自己的時令，大地有自己的資源，人類有自己的治理方法。
人用自己的治理方法建立起社會組織，形成社會秩序，因
此，人類社會雖然也處在自然界中，但它又是與自然界對立

的，可以說是自然界的一個特殊領域。就這個意義而言，人是與天地並立的。

「制天命而用之」

荀子一方面認為天具有偉大的創生力量，人應當敬重天道；另一方面又主張人不要迷信天，而應該在敬重天道的前提下有所作為。〈天論〉篇中說：「大天而思之，孰與物畜而制之？從天而頌之，孰與制天命而用之？望時而待之，孰與應時而使之？因物而多之，孰與騁能而化之？思物而物之，孰與理物而勿失之也？」意思是：與其因為自然的偉大而思慕它，不如對它加以蓄養和控制；與其順從自然而頌揚它，不如掌握自然規律而利用它；與其觀望時令、等待天時，不如根據四時的變化來運用它；與其依靠萬物自然增殖，不如施展人的才能而使它們產生變化；與其在幻想中役使萬物，不如管理好它們而真正有所收穫。

荀子強調人在自然面前的主觀能動性，認為與其迷信自然的權威而去歌頌它、等待它的恩賜，不如利用自然規律來為人服務。雖然自然是無意志的，自然規律是不以人的意志為轉移的，但是人可以了解和利用這些規律，在順應自然規律的前提下，盡到人自身的職分，發揮人的能動性和創造性來造福人類自身。這就是荀子所說的「制天命而用之」。

　　總之，荀子認為：一方面，自然是第一性的，人要依靠自然、順應自然；另一方面，人不能聽任和等待自然的役使，而應該發揮主觀能動性，去控制自然、改造自然。荀子對天人關係的認知，在他那個時代有著巨大的進步意義。

▎「化性起偽」

　　荀子既重視人對自然的改造，也重視人對社會的改造。他認為社會中的政治制度、道德規範都是由聖人、君主制定出來約束人的行為和處理社會關係的，是外在人為的產物，因而在人性方面，他反對孟子「天賦道德」的「性善論」，提出了與之對立的「性惡論」。這一思想集中體現在《荀子・性惡》中。

　　荀子所謂「性」，指的是人的天然本性，包括人的情慾、情感、生理本能等。荀子認為，人生來就好利、嫉妒、喜歡享受，如果放任自流，勢必導致人與人之間的爭奪、殺伐、相互踐踏，辭讓、忠信、禮義都會遭到破壞，所以說人的本性是惡的。正因為人性本惡，才需要聖人、君主對民眾進行教化，制定禮義制度、道德規範來約束、引導民眾。如果像孟子所說的人性本善，那麼就不需要聖人、君主，也不需要禮義制度、道德規範了。

　　荀子認為，對於人性問題，首先要區分「性」和「偽」，即區分本性和人為。《荀子・性惡》開篇說：「人

之性惡，其善者偽也。」這是說人的本性是惡的，之所以有善，那是人為（偽）的結果。善不是人天生就有的，而是由環境影響、自身修煉和學習而形成的品格。他進一步說：「凡性者，天之就也，不可學，不可事。禮義者，聖人之所生也，人之所學而能，所事而成者也。不可學，不可事，而在人者，謂之性；可學而能，可事而成之在人者，謂之偽。是性偽之分也。」意思是，本性是天生的，是學不來的，不是後天人為的；禮義是聖人制定的，人們透過學習就能得到，經過努力就能做到。本性和人為的差別即在此。

　　荀子區分本性和人為的目的，在於說明道德不是人的固有本性，而是後天教化、培養的結果。基於此，荀子提出了「化性起偽」的主張。「化性起偽」指運用禮義教化對人性中的惡進行改造，使之樹立道德觀念。他說：「凡人之性者，堯、舜之與桀、跖，其性一也；君子之與小人，其性一也。」聖君與暴君、君子與小人「其性一也」，即在本性上沒有什麼差別，都有惡的一面。然而，人之性惡是可以改變的，聖人與眾人不同的原因就在於「偽」，也就是說聖人透過後天的學習與努力改變了本性中的惡。是成為聖人還是成為小人，關鍵在於是「化性起偽」還是放縱「性」。以禮義自節，則成為堯、舜般的君子；順其性而貪利、爭奪，則成為桀、跖般的小人。

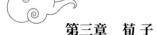

第三章　荀子

▌「明分使群」

　　荀子從性惡論出發，提出了「明分使群」的社會組織發生論，並以此論證制定禮義制度的必要性。他說：「（人）力不若牛，走不若馬，而牛馬為用，何也？曰人能群，彼不能群也。人何以能群？曰分。分何以能行？曰義。故義以分則和，和則一，一則多力，多力則強，強則勝物。」（《荀子·王制》）人不如牛力氣大，不如馬跑得快，卻能夠駕馭牛馬，其原因在於人能夠結成群體。荀子認為，人之所以區別於動物，在於人能「群」，即有社會組織。有社會組織是人類從動物界分化出來的主要標誌。而人之所以能「群」，則在於「分」，「分」就是人在社會中有一定的等級區分和職業分工。

　　荀子又說：「百技所成，所以養一人也。而能不能兼技，人不能兼官。離居不相待則窮，群居而無分則爭；窮者患也，爭者禍也，救患除禍，則莫若明分使群矣。」（《荀子·富國》）每個人都要靠不同行業生產的各種物品來供養，而一個人不可能兼通各種技藝，也不可能同時管理各種事物，所以人不能脫離社會而生存。但是如果群居而沒有職分和等級規定，就會產生爭鬥。要排除爭鬥帶來的災禍，沒有比明確職分和等級更好的辦法了。所以在荀子看來，「分」是組織社會的根本法則。

荀子透過論述「群」和「分」的功能，將人們的關注點由個體引向整體。人的生存離不開社會，分工體系和等級名分制度可以組成社會並使之秩序化。那麼根據什麼來「分」呢？荀子認為要以「義」來分，也就是要靠人類創造的一套禮義制度來區分與調節不同人的利慾關係。荀子說，「制禮義以分之」（《荀子·禮論》），「分莫大於禮」（《荀子·非相》），就是說禮義是現實社會生活中「明分使群」的依據所在。

▌作為「度量分界」的禮

荀子把禮看成規矩繩墨，用來區分貴賤、長幼、貧富等等級。他說：「禮者，貴賤有等，長幼有差，貧富輕重皆有稱者也。」（《荀子·富國》）就是說，「禮」使得社會中的每個人在貴賤、長幼、貧富等等級中都有恰當的地位。在荀子看來，禮作為社會的規範，維繫著社會的等級制度，是治國安民的根本。

荀子認為，人的本性是追求利慾，而禮的作用就是限制人們對利慾的無限追求。他說：「禮起於何也？曰：人生而有欲，欲而不得，則不能無求；求而無度量分界，則不能不爭；爭則亂，亂則窮。先王惡其亂也，故制禮義以分之，以養人之欲，給人之求。使欲必不窮乎物，物必不屈於欲，兩

者相持而長，是禮之所起也。」（《荀子‧禮論》）意思是，人生來就有慾望，如果沒有對慾望的限制，即沒有「度量分界」，就會發生爭鬥、產生混亂。古代的聖王為避免混亂，就制定禮義，劃分出「度量分界」來限制慾望。這樣，人的慾望和物資的供給達到平衡的狀態，慾望不超過物資的供給，物資供給才能保證慾望的滿足。可見，荀子認為禮產生的根源在於對慾望的限制。為了避免人們放縱慾望而導致群體失序，需要設置禮義、法度，對人性進行規範和約束，對社會進行治理。禮的核心作用就是「度量分界」，即制定各個階層的慾望目標的上下界限，使人的行為在適宜的程度上展開。荀子論禮，著眼於人類物質欲求的「度量分界」，這已經含有法權思想的因素。因此，在荀子那裡，禮和法非常接近。在社會秩序的實際運作中，禮的實施不免帶有一定的強制性，由此，禮轉為法。

▋「隆禮」「重法」

荀子常常禮、法並稱。他說：「上莫不致愛其下，而制之以禮。上之於下，如保赤子，政令制度，所以接下之人百姓，有不理者如豪（毫）末，則雖孤獨鰥寡必不加焉。故下之親上，歡如父母，可殺而不可使不順。君臣上下，貴賤長幼，至於庶人，莫不以是為隆正。然後皆內自省，以謹

於分。是百王之所同也，而禮法之樞要也。」（《荀子·王霸》）意思是：君主愛護百姓，所以用禮法來管理他們。君主對待百姓如同養育嬰兒，用來管理百姓的政令制度，即使對孤獨鰥寡者，也不能有絲毫不合理之處。所以百姓親近君主就如同親近父母，他們寧可被殺，也不會不服從君主。人們都把這個原則作為最高準則，並能不斷反省，謹慎行事。這是歷代君主共同的做法，也是禮法的關鍵所在。

荀子接著說：「農分田而耕，賈分貨而販，百工分事而勸，士大夫分職而聽，建國諸侯之君分土而守，三公總方而議，則天子共己而已矣。出若入若，天下莫不平均，莫不治辨。是百王之所同，而禮法之大分也。」意思是：農民耕種自己的田地，商人販賣自己的貨物，工匠勤懇地工作，士大夫盡職地處理政事，諸侯管理自己的國家，三公總管全國事務，而天子只需拱手端坐即可。對內如此，對外也是如此，那麼天下萬物就沒有不均等的，也沒有治理不好的，這是歷代君主共同的做法，也是禮法的最大職分。

《荀子·王霸》這兩段話中，「禮法之樞要」「禮法之大分」都是禮、法並稱。在此，他指出了禮和法的共同點——它們有相同的主旨和原則（「樞要」），那就是規定社會的等級秩序。從這個前提出發，把老百姓按職業分類，這是禮和法最大的職分（「大分」）。在荀子那裡，禮和法的區別

大致是：禮是文化道德方面的上層建築，法是政治方面的上層建築。在同一經濟基礎上，禮和法是相互補充、相互為用的。他還認為，禮是法的前提和基礎。他說：「禮者，法之大分，類之綱紀也。」（《荀子·勸學》）意思是，禮是法的前提，是各種條例的總綱。因為法的制定不僅是利益分配問題，而且是一個道義問題。所以，立法要以禮為指導原則，法要制定在禮義的基礎之上。

　　荀子論證了禮和法的關係，並提出「隆禮尊賢而王，重法愛民而霸」（《荀子·強國》）的政治主張。他認為，如果只講法治而不講禮治，百姓會因為畏懼刑罰而安順，但一有機會仍然會作亂。他把法治稱為「暴察之威」，把禮治稱為「道德之威」（《荀子·強國》）。法治發展到最好也不過是「霸政」，而成不了「王政」。王政是純粹美好的理想政治境界，霸政則駁雜而遜色得多。如果以禮義為本，法治就能更好地發揮作用：「故禮及身而行修，義及國而政明，能以禮挾（浹）而貴名白，天下願，令行禁止，王者之事畢矣。」（《荀子·致士》）意思是，君主在社會生活中貫徹禮制，人的美德就能形成；在制度上貫徹道義，統治就能清明；把禮制貫徹到所有方面的，高貴的名聲就會彰顯，天下人就會服從，於是能令行禁止，王政也就實現了。總體來說，荀子在政治方面是主張禮法兼施、王霸統一的。

第四章　董仲舒

第四章　董仲舒

▌董仲舒其人

董仲舒像

董仲舒（前一七九年～前一〇四年），廣川（今河北景縣西南）人，西漢時期思想家、教育家、今文經學大師。他一生歷經了漢惠帝、文帝、景帝、武帝四朝，那正是西漢王朝逐漸強大至極盛的時期。

董仲舒的一生，可以說是潛心於學的一生。他在青年時代便已博覽群書，除了專攻《公羊春秋》和陰陽五行學說外，對《周易》、《詩經》、《尚書》也有深入的研究。董仲舒刻苦讀書的精神一直保持到晚年，據說他的住所周圍有一個菜園，因為一心撲在學術研究上，他竟三年沒有看過這個菜園一眼。「目不窺園」後來就成了形容人專心致志、埋頭苦讀的成語。正是因為夙夜不懈地勤學苦讀，董仲舒才成為通五經、能持論、善屬文的一代鴻儒。

在修學著書的同時，董仲舒以極大的熱情投身於培養後學的事業。講學時，他在課堂上掛一幅帷幔，他在裡面講，學生在外面聽。由於學生太多，他常讓自己的得意門生呂步舒等人代他授業。這樣，很多弟子連他的面都沒見過。透過講學，董仲舒為漢朝培養了一大批人才。他的聲望也越來越高，在漢景帝時被任命為博士，講授儒家經典。

建元元年（前一四〇年），漢武帝讓各地推薦賢良方正

之士，董仲舒被推舉參加策問。漢武帝連續進行了三次策問，董仲舒在對策中闡述了「天人感應」學說，論證了神權與君權的關係，提出了「大一統」思想和「罷黜百家，獨尊儒術」的建議。三個對策的基本內容是闡述天人關係問題，所以又被稱為「天人三策」。他的思想正契合漢武帝的心意，因而被漢武帝採納。

董仲舒先是被派到江都易王劉非那裡當相國。劉非是漢武帝的哥哥，好勇鬥狠，驕橫異常。對於這樣一個人，如果輔佐方法不當，很可能招致殺身之禍。但由於董仲舒聲望很高，劉非對他非常尊重。董仲舒從禮義的角度對劉非進行了一系列規勸，並暗示劉非不要覬覦政權。後來劉非上書漢武帝，表示願意帶兵出擊匈奴。漢武帝不悅，沒有答應。董仲舒受到此事牽連，被貶為中大夫。

建元六年（前一三五年），遼東高廟和長陵高園便殿發生了火災。董仲舒認為這是上天對統治者示警，於是起草了一份奏章，想要示意皇帝整頓政治。還沒等上奏，主父偃前來拜訪，看到了這篇奏稿，就將其偷走上奏漢武帝。漢武帝召集了一些人來討論，董仲舒的學生呂步舒不知道這是老師的奏稿，「以為大愚」。董仲舒被定為死罪。但最終漢武帝還是赦免了他，並恢復了他的中大夫之職，不久又恢復了他的江都相之職。董仲舒從此不敢再說災異之事。

第四章　董仲舒

元朔五年（前一二四年），公孫弘推薦董仲舒做膠西王劉端的相國。劉端也是漢武帝的哥哥，他比劉非更蠻橫、兇殘，過去有好幾位輔佐他的官員都被殺掉了。董仲舒是知名的大儒，所以劉端對他仍然尊重。然而董仲舒一直提心吊膽，唯恐時間久了會遭遇不測，四年後以年老有病為由，辭職回家。

董仲舒辭官回家後，既沒有置辦家產，也沒有遊山玩水，而是埋頭於著書立說中。朝廷有大事時，常派人去向他請教，董仲舒往往按照《春秋》大義，提出自己的見解。董仲舒雖然在家養老，但仍十分關心朝政大事，甚至在臨終之前，還寫奏章給漢武帝，堅決反對鹽鐵官營的政策。

太初元年（前一〇四年），董仲舒於家中病逝，葬於長安西郊。有一次漢武帝經過他的墓地，為了表彰他對漢王朝的貢獻，特下馬致意。由此，董仲舒的墓地又名「下馬陵」。

《史記·十二諸侯年表》中說董仲舒「推《春秋》之義，頗著焉」，但沒有指明他有哪些著作。《漢書·董仲舒傳》說他的著作有一百二十三篇，另外還有講《春秋》的文章數十篇。現在流傳下來的董仲舒的著作只有《對策》三篇（見《漢書·董仲舒傳》，又稱《天人三策》）和《春秋繁露》八十二篇。

▌《春秋繁露》、《天人三策》

據《漢書‧董仲舒傳》記載，董仲舒議論《春秋》之事，作〈聞舉〉、〈玉杯〉、〈蕃露〉、〈清明〉等數十篇。也就是說，在《漢書》的記載中，〈蕃露〉只是董仲舒講《春秋》諸篇中的一篇。「蕃」與「繁」古字相通。賈公彥在《周禮義疏》中說：「前漢董仲舒作《春秋繁露》。繁，多；露，潤。為《春秋》作義，潤益處多。」他認為《春秋繁露》是對《春秋》大義的引申和發揮。

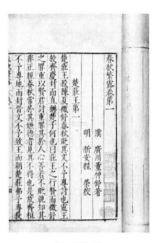

《春秋繁露》

《西京雜記》說董仲舒夢見蛟龍入懷而著《春秋繁露》，《春秋繁露》之名始見於此。關於《春秋繁露》的正式著錄，到了隋唐時期才有。現存《春秋繁露》最早的版本，是南宋嘉定四年（西元一二一一年）江右計臺刻本。《春秋繁露》的傳世各本，均明顯經過後人改動，不是董仲舒著作的原貌，但大體上仍然可以反映董仲舒的思想與學術。《春秋繁露》的注本很多，最詳盡的是清代蘇輿的《春秋繁露義證》，凌曙的《春秋繁露注》則較為通行。

第四章　董仲舒

漢武帝即位之初，下詔推舉「賢良方正直言極諫之士」，向他們諮詢根本的治國之道。《天人三策》就是漢武帝與董仲舒關於治國根本方略的三次問對的紀錄，全文被班固收錄於《漢書・董仲舒傳》中。

《天人三策》的內容可以概括為以下幾個方面：首先，董仲舒在對策中提出了「天人感應」論。他認為自然災害與統治者的錯誤有因果關係，還認為人是按照天的模式複製的，因而也具有天的意志和道德。其次，他提出了「道之大原出於天，天不變，道亦不變」的觀點，認為社會政治制度的最高原則是由天來決定的，而天是不變的，所以按照天的原則建立起來的社會政治之道也是不變的。再次，他提出了「聖人法天而立道」的主張，並提出了一系列具體的政策上的建議，如建議漢武帝改制、重視禮樂教化等。最後，他指出統一思想的必要性，具體建議為「罷黜百家，獨尊儒術」。

《天人三策》掌握了當時社會政治發展的現實，洞察到當時思想發展的大勢，為漢代大一統局面的形成提供了理論依據。同時，它對儒學思想在漢代的發展造成了關鍵作用，並對此後中華思想文化的發展產生了深刻影響。

▌「大一統」的政治主張

　　董仲舒身為公羊學大師，其社會理想是透過闡述《春秋》大義而得出的。「大一統」就是他所闡述的《春秋》的一個根本含義。他認為《春秋》特別重視「一統」（「大一統」的「大」即「重視」之意）。他的社會理想就是王者一統天下，建立一個統一的和諧安定的社會。

　　「大一統」的主張，是董仲舒為了適應當時已經形成的君主專制統治而提出的。他在《天人三策》中說：「《春秋》大一統者，天地之常經，古今之通誼也。今師異道，人異論，百家殊方，指意不同，是以上亡以持一統；法制數變，下不知所守。臣愚以為諸不在六藝之科、孔子之術者，皆絕其道，勿使並進。邪辟之說滅息，然後統紀可一而法度可明，民知所從矣。」意思是說：《春秋》的「大一統」思想，是天地間永恆的原則，是古今共通的道理。現在，各派老師講的道理不同，人們的意見不一致，諸子百家的方法各異，其意旨也大相逕庭。這樣，統治者不能持守統一的標準，法制也經常改變，民眾不知所從。董仲舒主張，凡是不屬於六藝科目和孔子思想的一些說法，一律加以禁絕。如果邪辟的學說消失了，思想標準就可以統一，法律制度就可以彰明，人們也就知道自己應該遵從什麼了。

　　「大一統」的內容包括政治一統和思想一統兩個方面。

政治一統，是指建立和鞏固封建專制統治。為此，就要「尊君」，即樹立君主的權威。他說：「唯天子受命於天，天下受命於天子。」「天」是至高無上的，君主受命於「天」，所以君主的意志是必須遵從的。思想一統，則是要把人們的思想統一於儒家思想中，構建以儒家思想為核心的國家意識形態。為此，他提出了「罷黜百家，獨尊儒術」的主張，即把儒家思想作為統治者的指導思想，把其他各種思想都定為非法思想加以禁止。

「大一統」理論符合封建帝國建立和鞏固統治的客觀要求，它不但為漢王朝加強皇權和中央集權提供了理論依據，而且使國家兩千多年來始終能維持一統的局面。儘管「大一統」思想有其時代和階級局限性，但它對國家統一、民族發展所產生的積極作用是不可估量的。

天人感應

董仲舒把封建統治說成是天意的體現，他說：「天以天下予堯舜，堯舜受命於天而王天下。」（《春秋繁露·堯舜不擅移湯武不專殺》）這是說，堯舜是受命於天而統治天下的，即君權神授。這就給封建專制統治提供了理論根據。

「天」在這裡是宇宙間至高無上的主宰。在董仲舒看來，陰陽五行和季節變化，都是天的意志的體現。他說：

「天數右陽而不右陰。」（《春秋繁露·陽尊陰卑》）這是說天把陽看作主要方面，把陰看作次要方面，陽尊陰卑。由陰陽而產生的季節變化，董仲舒將其說成是天的喜怒哀樂的表現，春、秋、夏、冬分別是天的喜氣、怒氣、樂氣、哀氣的表現。關於五行，董仲舒認為上天安排了木、火、土、金、水這樣一個次序，人類按照這種次序規定了人倫，所以他說：「五行者，乃孝子忠臣之行也。」（《春秋繁露·五行之義》）

天既然是有意志的最高主宰，那麼，天和人有怎樣的關係呢？董仲舒提出了「人副天數」的觀點。他認為，人的出現是天作用的結果。人的形體和性情都是按照天的形體和性情來構造的，所以人是天的「副本」。在形體方面：人的身體有骨頭三百六十六節，與一年之日數相副；內有五臟，與天的五行相副；外有四肢，與一年的四季相副。在情感意志方面，人的道德情感來自天的四季之氣：人得春氣而博愛容眾，得夏氣而盛養樂生，得秋氣而立嚴成功，得冬氣而哀死悲痛。天與人有相通的生理和情感，所以天和人是合一的，可以透過感應互相溝通。

「天人感應」主要表現在社會治亂與天道運行之間的關係上。董仲舒把自然災異與政治人事相連繫，認為治世與亂世有不同的徵兆：「帝王之將興也，其美祥亦先見；其將亡

也，妖孽亦先見。」（《春秋繁露‧同類相動》）董仲舒提醒統治者，在權力之上還有天鑑：「天人相與之際，甚可畏也。國家將有失道之敗，而天乃先出災害以譴告之；不知自省，又出怪異以警懼之；尚不知變，而傷敗乃至。」（《漢書‧董仲舒傳》）統治者如果有違天意，天會以災異加以警告；如果仍不自省，將會導致嚴重的後果。在統治者之上加上一個全能的「天」，是對統治者權力的限制。

▌「三統」歷史循環論

　　關於歷史的變化，董仲舒提出「三統」（「三正」）說。「三統」為黑統、白統和赤統。他認為，一年中有三個月可以作為歲首，也就是正月 —— 子月（現在的農曆十一月）、丑月（現在的農曆十二月）、寅月（現在的農曆正月）。每個朝代建立時，都要重新規定以這三個月中的哪個月為正月，這叫「改正朔」。子月尚赤，一個朝代若以子月為正月，這個朝代就以赤色為上色。這叫「易服色」。這樣一系列規定，叫做「正赤統」。丑月尚白，一個朝代若以丑月為正月，這個朝代就以白色為上色。這樣一系列規定，叫做「正白統」。寅月尚黑，一個朝代若以寅月為正月，這個朝代就以黑色為上色。這樣一系列規定，叫做「正黑統」，這就是所謂「三統」。就實際的歷史來說，夏朝以寅月為正月，以

黑色為上色，所以夏朝為黑統；商朝以丑月為正月，以白色為上色，所以商朝為白統；周朝以子月為正月，以赤色為上色，所以周朝為赤統。

董仲舒認為，歷史的變化，就是「三統」的循環。具體來說，王朝的改變，就是黑、白、赤「三統」的循環往復。每一統有一套禮樂制度，一個新王建立一個新朝代，應當按照當時的新統「改制」，包括遷國都、改國號、改紀元、改服色等，也就是「改正朔，易服色」。「新王必改制」是為了表明新王建立新的朝代是承受天命。夏、商、周三代完成了歷史循環的一個週期，漢代繼周而起，所以應是黑統，應以寅月為正月。

對於怎麼改制，董仲舒說：「今所謂新王必改制者，非改其道，非變其理。……若夫大綱、人倫、道理、政治、教化、習俗、文義，盡如故，亦何改哉？故王者有改制之名，無易道之實。」（《春秋繁露・楚莊王》）他認為，雖然朝代更替了，但統治之「道」是不變的，即治理社會的基本原則不會改變。一個新朝要改變的是一些形式上的東西，而大綱、人倫等都從屬於生產關係，如果生產關係沒有改變，那麼大綱、人倫也不能改變。所以他說：「道之大原出於天，天不變，道亦不變。」（《漢書・董仲舒傳》）

董仲舒把王者受命於天的觀點，納入他的天人感應理論

中，為新王建立新朝的合法性提供了依據。「三統」說也提示君主，一個朝代不能無限期統治下去，新朝代的創立者另外承受天命，這也是對絕對君權的限制。

▋「性三品」說

　　董仲舒把人性區分為上、中、下三等，即「聖人之性」、「中民之性」和「鬥筲之性」。「聖人之性」是天生的善性，是一般人先天不可能、後天不可及的；「鬥筲之性」的人是無善質的，生來就惡，教化無用，只能用刑罰來處置；「中民之性」是大多數人的性，有善質而未能善，必須透過王者的教化才能成善。他還說：「聖人之性不可以名性，鬥筲之性又不可以名性，名性者，中民之性。」（《春秋繁露·實性》）就是說，聖人之性所指的天生的善、鬥筲之性所指的天生的惡都是不可改變的，因此也可以不叫做「性」。只有中民之性可以經過教化而成為善，因此可以叫做「性」。

　　董仲舒強調要對一般民眾施行教化。他說：「禾雖出米而禾未可謂米也，性雖出善而性未可謂善也。」（《春秋繁露·實性》）就像禾能出米但並不是米，一般人的性雖含有善的素質，但並不是善。所以「卵待覆而成雛，繭待繰而為絲，性待教而為善」（《春秋繁露·深察名號》），就像卵需要孵化才能成為雛鳥，繭需要煮過抽絲才能成為蠶絲，一

般人必須經過教育才能達到善的境界。那麼，由誰來承擔教育的責任呢？他說：「王承天意，以成民之性為任者也。」（《春秋繁露·深察名號》）在他看來，百姓都是昏昏沉沉、冥頑不靈的，必須經過統治者的教化才能覺醒。聖王的任務，就是奉天命教化百姓，使得百姓成為善良的人。

▌三綱五常

　　董仲舒根據儒家的倫理思想，提出了「三綱五常」說。儒家認為，社會中人與人之間的主要關係有五種，即君臣、父子、夫婦、兄弟、朋友，這叫做「五倫」。董仲舒特別提出了「五倫」中君臣、父子、夫婦這三種基本關係的處理原則——「王道之三綱」，即「君為臣綱」、「父為子綱」、「夫為妻綱」。他說：「陰者，陽之合；妻者，夫之合；子者，父之合；臣者，君之合。物莫無合，而合各有陰陽。……君臣、父子、夫婦之義，皆取諸陰陽之道。君為陽，臣為陰；父為陽，子為陰；夫為陽，妻為陰。……此見天之親陽而疏陰，任德而不任刑也。是故仁義制度之數，盡取之天。……王道之三綱，可求於天。」（《春秋繁露·基義》）董仲舒認為天地間的事物都是互相匹配的：陰陽相配，君臣相配，父子相配，夫妻相配。既然事物都相互匹配，那麼每對匹配關係中就有陰陽之分。人間君臣、父子、

夫婦的道理，都取自陰陽之道：君為陽，臣為陰；父為陽，子為陰；夫為陽，妻為陰。上天親近陽而疏遠陰，因此「三綱」的主從關係是絕對不可改變的。這樣就將君臣、父子、夫婦之間的雙向性倫理義務說成了單向性倫理義務，倫理關係雙方的權力也是不對等的，臣奉君命、子奉父命、妻奉夫命被認為是天經地義的。董仲舒還認為，人間的制度取自天，因而王道的「三綱」是效法上天的，這樣就用「天意」解釋了社會倫理道德，從而論證了「三綱」的合理性和永恆性。「三綱」從此成了封建社會的政治和道德原則。

　　董仲舒在提出王道「三綱」的同時，又提出了調節這些關係所應遵循的規範——「五常」。他將儒家宣揚的「仁、義、禮、智、信」五種道德合為「五常」，說：「夫仁、誼（義）、禮、知（智）、信五常之道，王者所當修飭也。五者修飭，故受天之祐，而享鬼神之靈，德施於方外，延及群生也。」（《漢書·董仲舒傳》）董仲舒將「五常」作為處理各種關係所應遵守的規範，認為王者按照「五常」行事就會受到上天的佑護。「五常」對君權有一定的約束作用。雖然君為臣綱，但君主發號施令，要受到「五常」的約束，否則，其統治的合法性會受到懷疑和削弱。就積極方面而言，「五常」思想在歷史上的確有效地防止了皇權專制主義的無限擴張。

第五章　韓愈、李翱

▋韓愈其人

韓愈像

韓愈（七六八年～八二四年），字退之，河陽（今河南孟州）人。他的先世曾居住在河北昌黎，所以他自稱「昌黎韓愈」，世稱「韓昌黎」。韓愈三歲就成了孤兒，由長兄韓會與嫂嫂鄭氏撫養。韓會官至起居舍人，善寫文章。韓愈十三歲時，韓會去世，他隨寡嫂北歸河陽，時逢中原戰亂，於是避亂宣城。社會的動盪、家庭的變故，使他從小過著困頓流離的生活。而孤苦的身世，又促使他從小便刻苦學習，無須別人嘉許勉勵。韓愈七歲開始隨兄讀書，十三歲便已能文。後來他跟從獨孤及、梁肅遊學，逐漸確立了研習古文、潛心古道、讀書經世的人生方向。

韓愈十九歲至長安考進士，三次落榜，第四次參加考試才登進士第。他又先後三次參加吏部的博學宏詞科考試，但都沒考中。貞元十二年（七九六年），韓愈被宣武節度使董晉任命為觀察推官。在任觀察推官的三年中，韓愈還指導李翱、張籍等青年學文並宣傳散文革新的主張。貞元十五年（七九九年），韓愈應徐泗濠節度使張建封之聘，出任節度推官。貞元十八年（八○二年），韓愈到京師擔任四門博士，

後又晉升為監察御史。當時關中發生了嚴重的旱災，導致大面積饑荒，韓愈上〈御史臺上論天旱人饑狀〉，請求對災區緩徵租稅，結果得罪了幸臣，被貶為連州陽山令。

韓愈任陽山令期間，參加山民的生產活動，實行德禮文治，受到當地人的愛戴。這時有大批青年學子投入他門下，韓愈與之吟詩論道，詩文著作頗豐。他還於此時寫了〈原道〉等文章，這些文章成為唐宋時期新儒學的先聲。

元和十二年（八一七年），朝廷以裴度為帥、李愬為將，征討淮西吳元濟叛軍，韓愈任行軍司馬，參贊戎機。韓愈建議裴度趁著蔡州空虛，以三千兵力抄小道進入蔡州，生擒吳元濟。裴度還未來得及行動，李愬已從唐州提兵雪夜入蔡州擒得吳元濟，與韓愈不謀而合。淮西平定後，韓愈因功升任刑部侍郎。

元和十四年（八一九年），唐憲宗派使者去鳳翔迎佛骨，長安一時間掀起信佛狂潮。韓愈對此極其厭惡，為了維護儒家思想的正統地位，他不顧個人安危，毅然上〈諫迎佛骨表〉，嚴辭諫阻憲宗奉迎佛骨，要求將佛骨燒毀。唐憲宗非常生氣，要用極刑處死他，幸得裴度、崔群等人極力勸諫，唐憲宗才從輕發落，將他貶為潮州刺史。在去往貶所的途中，韓愈寫下「欲為聖明除弊事，肯將衰朽惜殘年」（〈左遷至藍關示姪孫湘〉）的詩句，表達了他忠心進諫、一心為國的情懷。

韓愈到潮州後，作〈潮州刺史謝上表〉，表達自己的戀闕之情。唐憲宗看後有重新起用之意，便對大臣說：「昨日收到韓愈的上表，想起他諫迎佛骨之事。我知道這是出於忠心，但他身為人臣說話太輕率了。」寵臣皇甫鎛憎恨韓愈為人心直口快，怕他重新被任用，便搶先回答說：「韓愈終究太狂放粗疏，暫且可考慮調到別郡。」適逢大赦，唐憲宗便任命韓愈為袁州刺史。

元和十五年（八二〇年），唐穆宗即位，詔韓愈為國子監祭酒。長慶元年（八二一年），轉任兵部侍郎。這時，鎮州王廷湊叛亂，朝廷命韓愈為宣慰使前往鎮州。百官都為他的安全擔憂，唐穆宗則命韓愈到邊境後先觀察形勢變化，不要急於入境。韓愈不顧個人安危，毅然直入鎮州。王廷湊設甲士嚴陣以待，韓愈毫無懼色，嚴辭挫敗叛軍凶焰，不費一兵一卒，平息鎮州之亂。唐穆宗大喜，任命韓愈為吏部侍郎。長慶三年（八二三年），授京兆尹兼御史大夫，後復任吏部侍郎。長慶四年（八二四年），韓愈卒於長安，終年五十六歲。

韓愈在政治、哲學、文學等方面都有建樹。蘇軾評價他「文起八代之衰，而道濟天下之溺；忠犯人主之怒，而勇奪三軍之帥」（〈潮州韓文公廟碑〉），從文、道、忠、勇四方面高度讚揚了韓愈的為人和一生的功業。總體來說，韓愈的

主要貢獻還是在思想文化方面。他倡導的古文運動，是一場與當時政治改革相呼應的思想文化運動，這場運動以改革文體、復興儒學相表裡，著意改變道喪文弊的社會風氣，以挽救分裂動亂的政治局面。

韓愈遺著詩文由門人李漢編為《昌黎先生集》四十卷，又有《論語注》十卷、《順宗實錄》五卷。其〈原道〉、〈原性〉、〈原人〉、〈原鬼〉、〈與孟尚書書〉和〈諫迎佛骨表〉等篇，較集中地反映了他的哲學思想。

排斥佛、老

韓愈是古文運動的領袖。古文運動在本質上包含「文」和「道」兩方面：「文」的方面，是用三代、兩漢的「古文」取代魏晉以來的駢文；「道」的方面，是用傳統的儒家思想取代當時流行的佛教和道教思想，從而恢復儒家思想的統治地位。

佛教自傳入中國後，歷經魏晉南北朝數百年的發展，到了文化政策寬鬆的唐朝，終於開花結果。佛教對唐朝的政治、經濟和文化都產生了巨大影響。當時帝王、大臣焚香禮佛，棄儒家思想於不顧，甚至在唐憲宗時期，全國上下都為迎接佛骨舍利而瘋狂。道教對唐代社會也有很大的影響。唐皇室以老子為祖先，所以道教自初唐就取得了一定地位，到

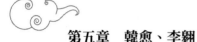

了唐玄宗時達到極盛。唐代許多帝王迷信道教長生術，對政治造成了一定危害。佛、道二教興盛，使儒家的主體地位受到威脅。面對這樣的現實，韓愈提出了排抑佛、老，復興儒學的主張。

韓愈自認為是孟子的繼承人，要像孟子排斥楊、墨那樣，堅決地排斥佛、老。他在〈原道〉中指出，佛、老兩家「必棄而君臣，去而父子，禁而相生養之道，以求其所謂清淨寂滅者」，信奉佛、老，會讓人們拋棄君臣、父子等倫理，拋棄本有的生活原則，去追求道教所說的「清淨」、佛教所說的「寂滅」。這實際上是要消滅人本性中的東西，導致「子焉而不父其父，臣焉而不君其君，民焉而不事其事」（〈原道〉）的不良後果。和尚、道士也是人子，可是他們不以其父為父；他們也是人臣，可是不以其君為君；他們也都是民眾，可是不干民眾所應該干的事。這就把野蠻人的道理凌駕於先王的道理之上，把民眾降低為野蠻人了。

另外，他認為佛、老盛行，會造成白吃白喝者眾多的後果：古代的百姓只有士、農、工、商四類，今天又有了和尚、道士兩類。大量人口不從事生產，會加重勞動者的負擔，影響社會安定；寺院經濟發達，也勢必造成王朝財政的危機。

▌恢復「道統」

　　韓愈認為佛、老與儒學對立，對社會造成了極大危害。為了與佛教的「祖統」相對抗，他提出「道統」來進行儒家理論體系的建設，期望恢復儒家的正統地位。

　　韓愈在〈原道〉中指出：「吾所謂道也，非向所謂老與佛之道也。堯以是傳之舜，舜以是傳之禹，禹以是傳之湯，湯以是傳之文、武、周公，文、武、周公傳之孔子，孔子傳之孟軻。軻之死，不得其傳焉。」他認為，儒家之道在歷史上有一個傳授系統，即「道統」，也就是先王之學。這個系統從堯開始，經過舜、禹、湯、周文王、周武王、周公、孔子，傳到孟子，但是孟子以後「道統」就斷了，其結果是佛、老思想盛行。韓愈認為，他的使命就是排斥佛、老，恢復「道統」，使儒家思想恢復正統地位。

　　「聖人立教」是韓愈建立其「道統」說的一個理論基礎。他認為，「聖人」或「先王」是儒家之道的體現者，他們處於「道統」的源頭，是人類文明的創造者。他說：「古之時，人之害多矣。有聖人者立，然後教之以相生養之道。為之君，為之師，驅其蟲蛇禽獸而處之中土。寒，然後為之衣；饑，然後為之食；木處而顛、土處而病也，然後為之宮室。為之工以贍其器用，為之賈以通其有無，為之醫藥以濟其夭死，為之葬埋祭祀以長其恩愛，為之禮以次其先後，為

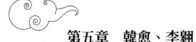

之樂以宣其一郁,為之政以率其怠倦,為之刑以鋤其強梗。」
(〈原道〉)古時人類面臨著很多災害,是聖人教給人們相
生相養的生活法則。他們身為君和師,教人們做衣服、種莊
稼、建造房屋、製作器物、經營商業、製造醫藥。聖人還為
人們建立了文明制度:他們制定祭祀的制度,以增進人與人
之間的仁愛;制定禮節,以區別尊卑秩序;製作音樂,以宣
泄人們心中的鬱悶;制定政令,以督促那些怠惰懶散的人;
制定刑罰,以剷除那些強暴之徒。總之,人們的生產生活技
能、國家的政令法規、社會的道德禮儀,都是由聖人創建和
傳授的。聖人創造了人類的文明,正是因為有了聖人,人類
才不至於毀滅。

　　韓愈的「聖人立教」說,論述了先王之教對人類文明所
產生的作用,從而也論證了儒家之道是封建社會唯一合法的
思想。

▌「道」的內涵

　　在〈原道〉中,韓愈提出了理想的社會秩序的藍圖:
「其文,《詩》《書》《易》《春秋》;其法,禮、樂、刑、
政;其民,士、農、工、賈;其位,君臣、父子、師友、賓
主、昆弟、夫婦……其為道易明,而其為教易行也。是故以
之為己,則順而祥;以之為人,則愛而公;以之為心,則和

而平；以之為天下國家，無所處而不當。」先王（聖人）治理下的理想社會是這樣的：運用《詩》、《書》等儒家經典進行教化，政治上奉行儒家有關禮、樂、刑、政方面的主張，百姓分別從事士、農、工、商等行業，人們按照君臣、父子、師友、賓主、兄弟、夫婦等等級名分各守其位、各盡其職。這樣的治理原則簡單明瞭、易於推行，所以用它來教育自己，就能和順吉祥；用它來對待別人，就能博愛公正；用它來修養內心，就能平和寧靜；用它來治理國家，就沒有不適當的地方。

怎樣實現和維護這種理想的社會秩序呢？韓愈認為，首要的是「治心」，即進行道德教化，而這種道德的最高準則是由「仁」、「義」來體現的。他說：「博愛之謂仁；行而宜之之謂義；由是而之焉之謂道；足乎己，無待於外之謂德。」（〈原道〉）博愛就是「仁」，行為合宜就是「義」，實現仁義的途徑是「道」，內心具備仁義的本性是「德」。

韓愈進而認為，不能離開「仁義」來談「道德」。因為「仁與義為定名，道與德為虛位」（〈原道〉），就是說，仁與義有確定的內容，道和德則沒有確定的內容。各個學派可以對道德有不同的解釋，但如果拋開仁義談道德，就成了邪說。他認為，佛、老就是拋開仁義談道德，因而把「清淨」、「寂滅」當成道德的內容，結果走上了不要國家、毀

滅倫理綱常的道路。

　　韓愈在此講了仁義和道德的關係。他認為雖然道德包含各種內容，但最高的道德內容是仁義，它是儒家道德的內核，也是整個古代中國社會的最高道德準則，它不容置疑、天經地義。對道德的理解，由於佛、老的干擾，人們已生出迷惑，所以要澄清「道」的內涵，恢復被佛、老破壞了的「道」的傳統——「道統」。

　　總而言之，韓愈認為，儒家之「道」的核心內涵就是仁義，仁義是儒家與佛、老兩家的根本區別所在，而推行仁義之道、教化萬民的就是「先王」或「聖人」。

▌「性三品」說

　　韓愈認為，「道」是由仁義體現的，而仁義涉及人的品性。於是他在〈原性〉一文中論述了人性問題，提出了「性三品」說。

　　韓愈把「性」分為上、中、下三個等級。他說：「上焉者，善焉而已矣；中焉者，可導而上下也；下焉者，惡焉而已矣。其所以為性者五：曰仁、曰禮、曰信、曰義、曰智。上焉者之於五也，主於一而行於四；中焉者之於五也，一不少有焉，則少反焉，其於四也混；下焉者之於五也，反於一而悖於四。」上品的人性是善的，生來就具備仁、義、禮、

智、信五種道德，它上主於仁德而下行於義、禮、智、信四德；中品的人性有善也有惡，雖然含有仁德，但會有違背仁德之時，其他四德也混雜不純；下品的人性是惡的，五種道德都不具備。

韓愈認為，人除了有性，還有情。情有喜、怒、哀、懼、愛、惡、欲七種。性是天生的，情是後起的，即「性也者，與生俱生也；情也者，接於物而生也」（〈原性〉）。他以「情三品」說來配合「性三品」說，認為情也有上、中、下三個品級，基本對應性的上、中、下三個品級。上品的人，「七情」的發作都合乎中道；中品的人，「七情」的發作有的過多，有的過少；下品的人，「七情」的發作或者都過多，或者都過少。就是說，每一品的情和性是互相配合的。上品的人，既具備五種道德，七種情感也都合乎中道，這種人就是聖人；下品的人，既不具備五種道德，七種情感也都不合乎中道。

韓愈認為，在三品當中，「上之性，就學而易明；下之性，畏威而寡罪。是故上者可教，而下者可制也。其品則孔子謂不移也」（〈原性〉）。就是說，上品和下品的人性都不能改變。所以他說，上品人的本性是善的，透過學習可以發揚光大；下品人的本性是惡的，教化對他們沒有發揮作用，只能用刑罰來處置他們。

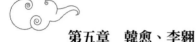

韓愈的「性三品」說，借鑑了孟子的「仁義禮智根於心」以及董仲舒的「性三品」說，客觀上給封建等級制度提供了依據。

▎李翱與「復性」說

李翱（七七二年～八三六年），字習之，隴西成紀（今甘肅靜寧）人，唐德宗貞元年間進士，歷任國子博士、史館修撰、戶部侍郎、山南東道節度使等職。李翱勤研儒學，又跟從韓愈學習古文，是古文運動和儒學復興的中堅人物。他像韓愈一樣激烈抨擊佛教，但對佛教的思想及方法又有所吸取。他將佛教的心性思想融於儒學的人性論，提出了對後世影響極大的「復性」說。李翱的著作有《李文公集》十八卷，與韓愈合著《論語筆解》二卷。〈復性書〉上、中、下三篇代表了他的哲學思想。

李翱對儒學復興所做的貢獻，主要在於他建立了儒家的心性理論。他補充和發展了韓愈提出的「道統」說，認為在孔子那裡就有關於「性命」的認知。這個認知在孔子的孫子子思那裡得以發揮，子思作《中庸》，將其傳給孟子。孟子死後，《中庸》所講的「性命之源」就沒有傳人了。李翱認為自己的使命就是接續孟子，來傳承儒家「性命」之學。他根據《中庸》的理論，又吸收佛教的某些心性思想，提出了

「復性」說。

　　李翱說「聖人者，人之先覺者也」（〈復性書〉上），認為儒家崇拜的聖人，是人類的「先覺者」，具有最高的精神境界。聖人不僅具備仁義道德，而且參與天地的造化，能同天地一樣化育萬物，所以說，聖人是無所不知、無所不能的。那麼，聖人是怎樣修養成的呢？對此，李翱提出了「性善情惡」的性情說。他接受韓愈的說法，認為人有性和情兩個方面。不同的是，韓愈講「性三品」，他則講人性本善；韓愈沒有以情為惡，他則認為「性無不善」「情本邪也，妄也」（〈復性書〉中），即認為性是善的，情是惡的。

　　李翱認為，人之性是天授的，平常人的性和聖人的性是一樣的，而且都是善的，即「百姓之性與聖人之性弗差也」（〈復性書〉上）。他說：「性者，天之命也，聖人得之而不惑者也。情者，性之動也，百姓溺之而不能知其本者也。」（〈復性書〉上）這是說，人之性是上天授予的，人之情則是由性派生的。聖人之所以成為聖人，是因為其性不受情的侵染；平常人之所以不能成為聖人，是因為其性受了情的侵染，為情所蔽。這也就是他所說的「人之所以為聖人者，性也；人之所以惑其性者，情也。喜、怒、哀、懼、愛、惡、欲，七者皆情之所為也，情既昏，性斯匿矣，非性之過也。七者循環而交來，故性不能充也」（〈復性書〉上）。七情

循環往復，對人交相攻擊，因而人性之善得不到充實。

　　李翱認為，平常人雖然「不覺」，但其性和聖人沒有差別，如果能去掉情之「惑」，即消除情慾的蒙蔽，就可以恢複本性，這就是「復性」。他說：「妄情滅息，本性清明，周流六虛，所以謂之能復其性也。」（〈復性書〉中）就是說，由於情慾敗壞了人性，所以只有去情才能復性。他打比方說，性就像水和火，情就像泥沙和煙霧。平常人的性，好比摻雜著泥沙的水和散發著煙霧的火。水的本性是清的，有了泥沙就會渾濁；火的本性是明的，有了煙霧就會昏暗。但當泥沙沉澱後，水就會恢復清澈；煙霧散盡，火就會恢復明亮，這就是「復性」。

　　李翱受佛教的影響，把禁慾主義引入了儒家的人性論。韓愈認為「七情」合乎中道才是聖人，他則認為成為聖人的關鍵在於擺脫情慾的束縛；韓愈追求的是仁義本性，他則把清淨本性看成是仁義的基礎。

▌「不動心」的修養方法

　　怎樣才能恢復善的本性？李翱提出了「不動心」的修養方法。「不動心」就是「聖人者寂然不動」，即使「心」不受外物和情慾的誘惑，永遠保持「清明」的狀態。要做到這一點，需要兩個步驟：

　　第一步，「弗慮弗思，情則不生。情既不生，乃為正思。正思者，無慮無思也」（〈復性書〉中）。要做到「心」什麼都不想，使情不能生出，於是進入虛靜的狀態。然而這種「無慮無思」的「正思」依然是「思」；「靜」的狀態也是相對於「動」而言的，還沒有超出有動有靜的層次。

　　第二步，「知本無有思，動靜皆離」（〈復性書〉中）。連「沒有」都不去想，連「虛靜」的狀態都不去追求，於是「動靜皆離」，「心」進入一種絕對靜止的境界──「寂然不動」。這種境界，就是《中庸》所說的「誠」或「至誠」的境界。在這種境界中，情慾不再發作，善的本性就恢復了。達到這種境界的人，就是聖人。

　　李翱還認為，處在這種境界的人，並不是不與外界接觸，而是雖然有見聞，但不為見聞所動。這就是《大學》所說的「格物」和「致知」。他說：「物至之時，其心昭昭然，明辨焉而不應於物者，是致知也。」（〈復性書〉中）他認為，沒有情慾，自然能明辨是非，雖與外物打交道，但不會受外物影響，這是最高的智慧。達到這種境界的人，不是沒有喜怒哀樂的情感，而是無心於喜怒，喜時不覺得是喜，怒時不覺得是怒，雖有喜怒，但像沒有一樣。這就是《中庸》所說的「中和」的境界。達到了這種境界，就可以參與天地的造化，成為萬物的主人。

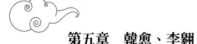

　　李翱的心性理論，對後來的理學家產生了很大影響。這表現為：第一，其「性善情惡」的觀點啟迪了後來理學家對「天命之性」和「氣質之性」的分野，也是理學家「天理」「人欲」之辨的根源。第二，他提出的「弗慮弗思，情則不生」的修養方法，對北宋二程「主敬」的功夫論產生了一定影響。第三，李翱特別重視《禮記》中的《中庸》一篇，把《中庸》講的「性命之學」看作孔孟思想的精髓，開啟了宋儒重視《中庸》的風氣。

　　綜上所述，韓愈和李翱的理論為道學奠定了基礎，他們提出了一個「道統」，作為道學的歷史根據。他們以《禮記》中的《大學》、《中庸》兩篇作為道學的基本經典，後來這兩篇從《禮記》中獨立出來，與《論語》、《孟子》合稱「四書」，成為儒家的主要經典。到了南宋，道學的體系完全建立起來。

第六章　周敦頤

周敦頤其人

周敦頤（一〇一七年～一〇七三
年），字茂叔，世稱濂溪先生，道州營
道（今湖南道縣）人，北宋思想家、理
學的先驅人物，與邵雍、張載、程顥、
程頤合稱「北宋五子」。

周敦頤出身於書香門第，父親周輔
成是宋真宗大中祥符八年（一〇一五

周敦頤像

年）進士，官為賀州桂嶺縣令。周敦頤五歲時，父親去世。
為了生計，母親帶他去投奔舅舅 —— 龍圖閣學士鄭向。幼時
的周敦頤聰明而仁孝，深得舅舅喜愛。

景祐三年（一〇三六年），周敦頤因舅舅的恩蔭，做了
一個小官吏。慶歷元年（一〇四一年），周敦頤從吏部調任
洪州分寧縣主簿。當時，分寧縣有個案件很久都沒人能斷
清，他到任後很快就斷清了，顯示了傑出的斷案才能，使得
老吏大為驚嘆。

慶歷四年（一〇四四年），周敦頤調任南安軍司理參
軍。在南安時，有一個犯人法不當死，但轉運使王逵想要從
嚴處置，將其判為死刑。眾人懾於王逵之威，沒有反對，唯
有周敦頤提出異議。他說，用殺人的手段來取媚於人，我絕
不會做這樣的官！王逵很快意識到自己處置不當，於是免了

那個犯人的死刑。周敦頤也因依法辦案、正直無私，名聲越來越大。慶曆六年（一〇四六年），大理寺丞程珦（程顥、程頤的父親）在南安見到了周敦頤。程珦見他氣質不凡，透過交談，更了解到他是一位造詣極高的學者，便與他結為朋友，並讓自己的兩個兒子拜他為師。

至和元年（一〇五四年），周敦頤改任大理寺丞，知洪州南昌縣。他到任時，人們興奮地相互轉告，說他就是當年在分寧一上任就能辨明疑案的周敦頤。

至和二年（一〇五五年），周敦頤改任太子中舍，署僉書合州判官事。在合州四年，他辛勤忙碌於傳道授業，頗得士人讚揚。這個時期他的哲學思想也已經成熟。

嘉祐六年（一〇六一年），周敦頤遷國子博士，通判虔州。途經廬山時，他深深愛上了廬山山水。在虔州，他作了〈愛蓮說〉一文，表達了自己對高潔人格的追求。其中「予獨愛蓮之出淤泥而不染，濯清漣而不妖」成為詠蓮的千古名句。

治平元年（一〇六四年），周敦頤移任永州通判。熙寧三年（一〇七〇年），周敦頤轉虞部郎中，擢提點廣南東路刑獄。當時虞部員外郎杜諮知端州。端州出產的端溪石是製作硯臺上好的材料，杜諮壟斷了採石業，禁止百姓開採，人稱「杜萬石」。周敦頤聽說此事，十分氣憤，遂請求朝廷下令，凡州官買硯不得超過兩枚。此令一下，大快人心。次

年，周敦頤移知南康軍。

熙寧五年（一○七二年），周敦頤結束官宦生活，定居於廬山蓮花峰下。他家附近有小溪流過，因為道州老家有條小溪叫做濂溪，所以他把廬山新家旁的這條小溪也叫做濂溪，並將自己的書堂命名為濂溪書堂。因此，後世稱他為「濂溪先生」，稱其學術思想為「濂學」。熙寧六年（一○七三年）六月，周敦頤病逝，終年五十七歲。

周敦頤一生在多地做過中等官吏，表現出不同凡響的政治才能。他雖然身在仕途，卻雅好林泉，追求高潔的人格和高遠的境界。他好學深思，從未停止過講學和著述，是一位富於開創性的學者。他提出的「無極」「太極」「陰陽」「五行」「動靜」「主靜」「至誠」等概念，構成了理學體系的重要內容，後來理學家爭論的許多問題，都可以在周敦頤的哲學思想中找到端倪。

《太極圖說》、《通書》

周敦頤的著作存世的僅有《太極圖說》、《通書》和少量的詩文，其哲學思想集中體現在《太極圖說》和《通書》中。

《太極圖說》是周敦頤為其《太極圖》寫的一篇說明，全文二百四十多字。他在《太極圖說》中提出，太極是宇宙

的本原，人和萬物都是由陰陽二氣和水、火、木、金、土五行相互作用構成的。五行統一於陰陽，陰陽統一於太極。文中突出人的價值和作用，認為「唯人也，得其秀而最靈」。在人群中，他又特別突出聖人的價值和作用，認為「聖人定之以中正仁義而主靜，立人極焉」。該文闡述了周敦頤的宇宙生成論，並論及人與自然的關係、修養方法等問題，提出了一系列理學的重要範疇，在中國哲學史上有深遠影響。

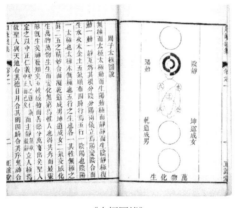

《太極圖說》

　　《通書》兩千八百多字，分為四十章。一般認為，《通書》與《太極圖說》是一個相互關聯的整體，周敦頤以這兩部著作闡明了他的本體論、修養論以及政治思想，從而構成了較為完備的哲學構架。二者的不同之處在於，《太極圖說》是透過宇宙論、本體論的探索來建構人的生存理論，《通書》

則承續《太極圖說》，詳細地闡述了修養論。換言之，《太極圖說》詳於天而略於人，《通書》略於天而詳於人。

　　周敦頤的哲學思想涉及範圍相當廣泛。對於所涉議題，他雖然只提出了辭約義豐的論點和論綱，並未從理論上加以具體的闡發，但他的哲學思想對於宋明理學的建立具有十分重要的意義。正因為如此，人們一般將他視為宋明理學的奠基者。

▋「無極而太極」── 論宇宙的生成

　　周敦頤以儒家學說為基礎，融合道教和佛教的一些觀念，提出了一個簡明的關於宇宙生成的理論。

　　《太極圖說》開頭說：「無極而太極。」在周敦頤看來，太極是宇宙萬物的最根本的實體。無極就是無形、無限的意思。「無極而太極」的意思是，太極是無形的，它在時間上沒有始終，在空間上也沒有邊際。

　　他緊接著說：「太極動而生陽，動極而靜，靜而生陰。靜極復動。一動一靜，互為其根。分陰分陽，兩儀立焉。陽變陰合，而生水火木金土。五氣順布，四時行焉。」這是說，太極動起來就生出了陽，動到極點就靜下來，靜下來就生出了陰，靜到極點又會動起來。動靜統一，互為條件，分化出陰陽二氣。陰陽二氣交互作用，就生出一些基本的元

素 ── 五行（水、火、木、金、土）。五行按順序發生作用，就形成了春、夏、秋、冬四時，也就是說，時間的開展是以五行的循環運轉作為基礎的。總體來說，太極體現為動靜綜合體、陰陽綜合體。這一綜合體經過複雜的交合變化，產生了五行。由於五行的運轉，時間也就展開了。

他接著說：「五行一陰陽也，陰陽一太極也。太極本無極也。」這是說，五行就是陰陽的某種表現，陰陽就是太極的某種表現。太極從根本上講是無形的。也就是說，太極是宇宙萬物最根本的實體，也是最原始的統一體，它是無形的、無限的。太極生出陰陽二氣，陰陽二氣又生出五行，但是太極仍在五行和陰陽二氣之中。從根本上說，五行和陰陽都是太極的某種表現形態。

他接著又說：「無極之真，二五之精，妙合而凝。乾道成男，坤道成女。二氣交感，化生萬物。萬物生生，而變化無窮焉。」這是說，太極是無形的、至真的存在。這種無形的、至真的存在和精微的陰陽五行巧妙地結合，就生成了萬物。具有陽性的成為男性，具有陰性的成為女性。萬物生生不息，於是世界變化無窮。

這就是周敦頤關於宇宙生成的一個簡明圖式的解說。

▌「主靜」 —— 仁義道德發揮的根本

　　周敦頤在宇宙生成理論的基礎上，提出了「主靜」的道德理論。可以說，《太極圖說》的起點是「無極而太極」的宇宙本體論，終點則是「主靜」的道德論。

　　周敦頤在講了「二氣交感，化生萬物。萬物生生，而變化無窮焉」之後接著說：「唯人也，得其秀而最靈。」這是說，陰陽二氣生出五行，五行化生萬物，就有了人與萬物。他特別強調人在萬物中的獨特地位，認為人稟受了天地中的精華，在某種意義上是天地精華的最直接體現。因為人是天地之間的最為精華的材料化生而成，所以天地的本性就是人的本性，人的規律也就是自然規律的集中體現，人類社會的道德法則也就都源於天地的本性。他的這一思想體現了天人合一的觀念，這是他的一個偉大的發現。從此，儒家把人類的道德價值跟天地的本性連姓起來，這種連繫不是源於某種主觀構想，而是根源於真實的哲學思考。

　　雖然人類「得其秀而最靈」，但人類需要治理。為什麼呢？這要結合善惡產生的原理來進一步闡發。周敦頤說：「形既生矣，身發知矣，五性感動而善惡分，萬事出矣。聖人定之以中正仁義而主靜，立人極焉。」他認為，人得到陰陽五行的精妙材料而生，成為萬物之靈。有了人的形體，就分化出人的精神。人內在的本性為外物所感，就形成了善與

惡。剛柔、善惡等品質相互影響，導致錯綜複雜的事情不斷出現，因而需要建立一個做人的最高標準──「人極」。「人極」的內容是「中正仁義」等，而以「靜」為主。靜，就是安寧。對於「主靜」，他解釋說：「無慾故靜」。「無慾」，就是沒有私慾的干擾。人能無慾，仁義道德的本性就能發揮出來。人的仁義道德的本性完全發揮出來，這種境界，其實就是他在《通書》中所說的「誠」的境界。

▍「誠」── 社會道德的最高原則

周敦頤認為，太極體現為動靜綜合體，有了動靜就有了陰陽，有了陰陽就有了剛柔。動靜、陰陽、剛柔的交合作用產生了五行。從時間上講，五行的循環運轉是時間的展開；從義理上講，五行對應仁、義、禮、智、信五常。在《通書》裡，周敦頤又用「誠」對這個過程進行了闡發。

《通書‧誠上第一》開頭說：「誠者，聖人之本。『大哉乾元，萬物資始』，誠之源也。『乾道變化，各正性命』，誠斯立焉。純粹至善者也。」

這段話中，「大哉乾元，萬物資始」「乾道變化，各正性命」兩句出自《周易‧乾卦》，周敦頤引用這些話來表示宇宙演化的過程。他認為，《周易》所說的生髮萬物的「乾元」，是「誠」的根源；《周易》所說的確定事物性質的「乾

道」，其變化使「誠」得以確立。也就是說，在宇宙演化過程開始的時候，「誠」就開始了；在事物生成、長大的時候，「誠」也確立了。「誠」是使萬物得以生成的根本，也是使萬物獲得自己本性的主使者。這樣說來，「誠」和「太極」是不可分的，或者說它們是一致的。它們都含有萬物本根的意思，都有本體論的意義。這樣就可以說，「誠」是一切道德的根源，也是聖人做人的根本。

《通書·誠下第二》開頭繼續申發這一思想：「聖，誠而已矣。誠，五常之本，百行之源也。」這是說，有了誠為本，一切道德原則（五常）和一切道德行為（百行）就都有了。正因為如此，「誠」是社會道德的最高原則和行為規範。

他接著說：「五常百行，非誠，非也，邪暗，塞也。故誠則無事矣。」這是說，如果沒有「誠」作為根本，那些道德原則和道德行為不是出於「誠」，而是出於虛偽，就是不道德的。人也是宇宙中的一員，本來應該具有「誠」這一品質，但事實上往往不能保持它，這是因為「邪暗，塞也」，不正、不明導致道德塞而不通。「邪暗」的根源是私心雜念，如果能克服私心雜念，就能做到「誠」。

▍「聖人」是怎樣的人

事物有善惡之分，所以需要治理。那麼由誰來治理，又怎樣治理呢？周敦頤認為，進行治理的主體是聖人。聖人的重要性在於，他們能發現人類社會的價值原理，發現人類社會價值原理的根據所在。

那麼，聖人是怎樣的人？周敦頤《通書·聖第四》中說：「寂然不動者，誠也；感而遂通者，神也；動而未形，有無之間者，幾也。誠精故明，神應故妙，幾微故幽。誠、神、幾，日聖人。」

「寂然不動者，誠也」，意即「寂然不動」是「誠」的狀態。「誠」處於未發狀態，它並不是沒有行動，而是沒有主動欲求。沒有主動欲求，人就可安泰平和。

「感而遂通者，神也」，意即一旦有事物觸發，就能迅速反應，心思馬上就能通達，這就是「神」。

「動而未形，有無之間者，幾也。」《周易·繫辭》說：「幾者，動之微。」「幾」是行動的開始，是一種動而未動的狀態，所以周敦頤說它是「動而未形，有無之間」。「幾」不同於「誠」，它是一種主動的追求。然而這種主動追求不是過分的、額外的，而是分內的、應有的。就是說，人處於「幾」的狀態時，他有目標，但不死盯住目標；有追求，但不過分追求。在此「動而未形，有無之間」的狀態下，人就

能夠洞察幽微。

總的來說，一個人依自己的本分而行動，不存非分之想，不做非分之事，就能「誠」、能「神」。他有欲求，但毫不過分，就能「幾」。這樣的人，因為有完備的道德、真誠的心，所以能洞察幽微。最重要的是，他能發現社會的價值原理及其根據所在。這樣的人就是聖人。

由上可知，聖人不能有過分的主動欲求，即不能有私慾。因為一旦有私慾，人的神志就昏瞶不明。因此，《通書・公第三十七》中說：「聖人之道，至公而已矣。」聖人是有欲求的，但不能有超越本分的欲求。有了過分的欲求就有了私慾，也就會失去至公，這樣就必然不明。

《通書・公明第二十一》中說：「公於己者公於人，未有不公於己而能公於人也。明不至，則疑生。明，無疑也。」就是說，對自己公，才能對別人公。人只有自己無私，才能令別人無私。公，必須從自己的無私做起。而有了公，才能明。那麼，如何修養而成為聖人呢？

《通書・聖學第二十》中說：「『聖可學乎？』曰：『可。』曰：『有要乎？』曰：『有。』『請聞焉。』曰：『一為要。一者，無慾也。無慾。則靜虛動直。靜虛則明，明則通；動直則公，公則溥。明通公溥，庶矣乎！』」這是說，學做聖人的要旨就是「無欲」。有了私慾，心裡就千頭

萬緒、疑惑叢生。只有「無欲」，心才能夠「靜虛」。心靜如水則如明鏡可鑑，虛懷若谷則無雜念紛擾，對於道理就能夠了悟，看問題就可以排除偏見。如果沒有私心雜念，就不會患得患失，做事就能一往無前，這就是「動直」。這樣，他的行為就能做到「公」，就能有利於廣大的人群，這就是「溥」。

聖人「明通公溥」，就能洞察幽微，了解世界的本質，發現人類社會的根本價值原則。這也就是《太極圖說》中說的：「聖人定之以中正仁義而主靜，立人極焉。」聖人發現了人的根本價值原則，就確立了「人極」。人類社會有了基本法則，才會和諧地發展。對人類基本法則的確立，正是聖人的貢獻。

▋ 聖人要做的事 ──「立教」

因為人有善惡之分，所以人類社會需要治理。聖人不僅發現了人類社會的價值原則和治理原則，而且要進行教化和治理。

周敦頤說：「性者，剛柔善惡，中而已矣。不達。日：剛善，為義，為直，為斷，為嚴毅，為干固；惡，為猛，為隘，為強梁。柔善，為慈，為順，為巽；惡，為懦弱，為無斷，為邪佞。唯中也者，和也，中節也，天下之達道也，聖

人之事也。故聖人立教，俾人自易其惡，自至其中而止矣。故先覺覺後覺，暗者求於明，而師道立矣。師道立，則善人多。善人多，則朝廷正而天下治矣。」（《通書·師第七》）這是說，人的本性有剛有柔。剛柔有善惡之分，就是說，有剛善、剛惡，柔善、柔惡。剛柔如果太過，就是惡的，即剛惡、柔惡。如果恰到好處，沒有太過，也沒有不及，即「中」，就是善的，即剛善、柔善。剛善的一面，「為義，為直，為斷，為嚴毅，為干固」；剛惡的一面，「為猛，為隘，為強梁」。柔善的一面，「為慈，為順，為巽」；柔惡的一面，「為懦弱，為無斷，為邪佞」。人的本性剛柔善惡各不相同，只有剛柔適當，得其「中」，才是善的。那麼，怎樣才能使剛柔適當呢？這就需要聖人立教，也就是聖人對眾人進行教化，建立起師道，使眾人各自改掉自己的毛病，這樣天下就能得到治理。

▊「孔顏樂處」樂什麼

《論語·雍也》中記載，孔子曾誇讚顏回說：「一簞食，一瓢飲，在陋巷，人不堪其憂，回也不改其樂。」孔子和顏回一樣，貧窮時依然保持快樂。周敦頤曾讓他的學生程顥、程頤探究「孔顏樂處」的問題，讓他們回答孔子和顏回為什麼面對貧窮還能快樂？他們所樂的究竟是什麼？

　　周敦頤在《通書‧顏子第二十三》中回答了這個問題。他說:「顏子,一簞食,一瓢飲,在陋巷,人不堪其憂,而不改其樂。夫富貴,人所愛也;顏子不愛不求,而樂乎貧者,獨何心哉?天地間有至貴至愛可求,而異乎彼者,見其大而忘其小焉爾。見其大則心泰,心泰則無不足,無不足則富貴貧賤處之一也。處之一,則能化而齊,故顏子亞聖。」

　　周敦頤認為,人們普遍追求富貴並因富貴而快樂,普遍厭惡貧窮並因貧窮而憂愁。顏回從來不希求富貴,他雖然貧窮,但滿懷快樂。這是因為,世上還有比富貴價值更大、更值得追求的東西。人們如果能見此「大」,就會內心安泰。內心如果安泰了,就沒有什麼不滿足,富貴、貧賤都能處之如一。如果富貴、貧賤處之如一,精神境界就能昇華,即邁進了聖人的境界。顏子因為見其「大」而心泰,既不愛戀富貴,也不厭惡貧窮。在他看來,富貴、貧賤沒什麼不同,因此,別人難以忍受的住陋巷、簡衣食,他卻能快樂處之。這是一種經過修養而實現超越的道德境界。顏子之樂來自見其「大」,這個「大」,就是儒家的聖人之道。由於具有強烈與執著的對於「道」的信仰與追求,顏子生活得快樂充實並具備充沛的人格力量。

　　孔子更是將「道」作為畢生追求的目標。但他並不厭惡富貴,不單純地拒絕物質享受。他在追求「道」的同時,仍

保持著有節制的世俗生活，以求精神與物質兩方面的平衡。這是一種樂觀通達的生活態度，進入了樂以忘憂的境界，也是人生可能得到的最大的幸福。

　　周敦頤還說：「君子以道充為貴，身安為富。故常泰無不足，而銖視軒冕，塵視金玉，其重無加焉爾。」（《通書‧富貴第三十三》）這是說，「道充」、「身安」是最為寶貴的人生狀態，是不受物質欲求束縛的高遠的精神境界。若能步入此境界，人就會常處安泰而告別不足之感，長久保持精神愉悅而不會在意金玉、軒冕這些物質享受。達到了這種境界，便能養成個人的完備德行，並展開自我的事業。

　　周敦頤提出「孔顏樂處」的問題，目的是恢復儒家聖人之道，為當時的知識階層確立人生的價值目標。「孔顏樂處」的思想由周敦頤首次提出，以後便成了理學的重要課題。

第七章　張載

第七章　張載

▌張載其人

張載（一〇二〇年～一〇七七年），字子厚，大梁（今河南開封）人，後遷居至陝西鳳翔郿縣（今陝西眉縣）橫渠鎮，世稱橫渠先生。他是「北宋五子」之一，也是理學創始人之一。

張載像

張載的父親張迪任涪州（今重慶涪陵）知州時，在任上病故，家人商量將其歸葬原籍大梁。十五歲的張載和母親及弟弟張戩護送父柩回鄉，行至郿縣橫渠鎮時，因路費不足加上前方戰亂，無法繼續前行，於是將父親安葬於橫渠，全家便定居在這裡。

張載年輕時志氣不凡，喜歡談論軍事。當時西夏不斷侵擾宋朝，他對此義憤填膺，打算組織民團去奪回被西夏侵占的洮西。宋仁宗康定元年（一〇四〇年），二十一歲的張載上書當時任陝西經略安撫副使兼知延州的范仲淹。范仲淹召見了他，認為他將來一定能成大器，便贈給他一本《中庸》，並告誡他說，儒者應該關注名教，以復興儒道、恢復禮樂為己任。張載受到啟發，回去研讀了《中庸》，讀後收穫很大，但感到不滿足，於是又讀佛家、道家的書。他讀了好多年佛、道的書，終無所得，便又回到儒家學說上來，尤其鍾情於《周易》。

宋仁宗嘉祐二年（一〇五七年），三十八歲的張載赴京應考，時值歐陽脩主考，張載與蘇軾、蘇轍兄弟同登進士第。於此期間，張載在京城設虎皮椅講《周易》，聽者眾多。一天，程顥、程頤兄弟來訪，三人就《周易》討論了一番。張載是二程的表叔，但他虛心就教，在聽取了二程的見解後，自愧不如，第二天即撤去虎皮，對聽講的人說，關於《周易》，我不如二程，你們以後可向他們請教。

張載進士及第後，始授祁州司法參軍，後遷雲岩縣令。他在任雲岩縣令時，政令嚴明，重視教化，提倡尊老愛幼的社會風尚。張載後來又任著作佐郎、僉書渭州軍事判官等職。在渭州，他深受經略使蔡挺的信任。軍府中的事宜，蔡挺都要徵求他的意見。他建議蔡挺在災年用軍資賑濟災民，還建議廢除戍兵換防的慣例，招募當地人取代。他還撰寫了〈涇原路經略司論邊事狀〉和〈經略司邊事劃一〉等，展現了很高的政治軍事才能。

宋神宗熙寧二年（一〇六九年），御史中丞呂公著向朝廷推薦張載，宋神宗召見了他。張載提出恢復三代之制的想法，宋神宗十分滿意，想重用他。張載認為自己剛調入京城，對當時的新政了解較少，希望觀察一段時間後，再有所進獻。後來他被任命為崇文院校書。當時王安石輔佐宋神宗實行變法，想得到張載的支持。但張載與王安石見面時，言

語多有不合，遂引起王安石的反感。張載不久被派往明州（今浙江鄞州）審理一起貪汙案，辦完案子回朝時，正趕上其弟監察御史張戩因反對新法被貶，張載覺得自己可能會受到株連，便辭官回到橫渠。

　　五十一歲的張載回到橫渠後，潛心於學術研究。他的學生呂大臨在〈橫渠先生行狀〉中描述老師用功的情形：「俯而讀，仰而思，有得則識之。或中夜起坐，取燭以書……」在這期間，張載寫下了大量的著作，對自己一生的學術思想進行了總結。他一面著述，一面講學。他的弟子很多，大都是陝西關中人，所以，他的學派被稱為「關學」。

　　宋神宗熙寧十年（一○七七年），秦鳳路守帥呂大防認為張載的學術繼承了古代聖賢的思想，可以用來復興古禮、矯正風化，於是上奏神宗召張載回京任職。這時張載正患病，但還是帶病入京，被授為知太常禮院。上任不久，因與禮官意見不合，他便辭職西歸。途中經過洛陽，張載與二程相見。行至臨潼，他住在旅館，當晚沐浴就寢，不想第二天即與世長辭，享年五十八歲。

▍《正蒙》其書

　　張載的主要著作有《正蒙》、《易說》，還有講學紀錄《經學理窟》、《語錄》等，明代人編為《張子全書》。

　　《正蒙》一名《張子正蒙》，約成書於熙寧九年（一〇七六年），是在他去世前夕才傳給弟子的。《正蒙》是張載最重要的著作，標誌著他哲學體系的完成。

　　「蒙」是《周易》的一個卦名，該卦的《象辭》中有「蒙以養正」這樣的話。蒙，即矇昧未明；正，即訂正。「正蒙」意即從蒙童起就應培育人的純正無邪的品質。張載說：「養其蒙使正者，聖人之功也。」（《正蒙·中正》）書名由此而來。

　　《正蒙》一書是張載的晚年定論之作，彰顯了他理論的全貌。《正蒙》的主旨，是用儒家學說批判佛、道思想，力圖建立氣本論的哲學體系。在《正蒙》中，他以《易傳》為根據，論證了物質的氣是世界本原的觀點，批判了佛教「以心法起滅天地」、「誣天地日月為幻妄」及老子「有生於無」的思想。《正蒙》一書所建立的氣本論哲學，開啟了中國古代樸素唯物主義發展的新階段。同時，《正蒙》提出的「一物兩體」思想，對中國古代樸素辯證法的發展做出了重要貢獻。後來羅欽順、王廷相、王夫之、戴震等都繼承和發揮了《正蒙》的思想。

　　張載逝世後，《正蒙》一書由其門人蘇昞分為〈太和〉、〈參兩〉、〈天道〉、〈神化〉、〈動物〉、〈誠明〉、〈大心〉、〈中正〉、〈至當〉、〈作者〉、〈三十〉、〈有德〉、

〈有司〉、〈大易〉、〈樂器〉、〈王禘〉、〈乾稱〉等十七篇，刻印流傳，關中一帶幾至「家弦戶誦」。現存最早版本見於宋本《諸儒鳴道集》中。《正蒙》的註解本較多，以王夫之的《張子正蒙注》最為著名。

▍「太虛即氣」──「氣」構成了世界

張載把「氣」看作構成世界的物質實體，認為整個世界是由氣構成的。他說：「凡可狀皆有也，凡有皆象也，凡象皆氣也。」（《正蒙・乾稱》）有，就是存在；象，就是現象。這句話是說，凡是可描述的東西都是存在的，凡是存在的都有其現象，凡是現象都是由氣構成的。也就是說，一切存在的東西都是由氣構成的。

張載認為，「太虛」（宇宙時間、空間的總稱）是氣的本來狀態。他說：「太虛無形，氣之本體。其聚其散，變化之客形爾。」（《正蒙・太和》）這裡的「本體」，是指本來的狀態，即氣沒有變成具體事物時的狀態，也就是氣散的狀態。這種氣散的狀態就是「太虛」。「客形」是暫時的形態，指氣聚氣散的形態變化。整句話是說，太虛看起來是空洞的，但實際上並不是空無所有，它是氣的本來的狀態。氣散時就是太虛，氣聚時就生成萬物。太虛、氣、萬物之間的關係，只是一種聚散的關係，這種聚散是不以人的意志為轉移

的。「太虛不能無氣，氣不能不聚而為萬物，萬物不能不散而為太虛」（《正蒙·太和》），也就是說，氣聚散而為太虛或萬物，這是必然的。

他得出結論：「知太虛即氣，則無無。」（《正蒙·太和》）意思是，太虛就是氣，根本就沒有所謂的「無」。總體來說，有形象的、可見的萬物以及看起來空虛無物的太虛，都是由氣構成的。張載把氣看成構成世界的物質實體，認為世界統一於氣。他這種對於世界的認知，我們稱為「氣本論」。

▍「一物兩體」── 「氣」包含兩個對立面

張載認為，作為世界物質實體的氣，含有正反兩個方面。物質的運動變化，就是由這兩個方面的相互作用而引起的。他說：「一物兩體，氣也。一故神，兩故化，此天之所以參也。」（《正蒙·乾稱》）意思是說，氣是一個統一體，即「一物」；它包含兩個方面，即「兩體」。因為氣是兩個對立面的統一體，所以神妙莫測；因為氣是一體之中的兩個對立面，所以變化多端。兩個對立面的相互作用造成了運動變化，對立面合成一個統一體就是「參」。

關於兩個對立面相互作用的情形，張載描述道：「若陰陽之氣，則循環迭至，聚散相蕩，升降相求，絪縕相揉，蓋相兼相制，欲一之而不能，此其所以屈伸無方，運行不息，

莫或使之。」（《正蒙·參兩》）這是說：陰陽二氣相互轉化，循環交替；時聚時散，相互激盪；有升有降，相互追求；彼此揉合，相互生發。總而言之，事物的兩面總是此屈彼伸、此消彼長，既相互包含，又相互制約，處在不停的運動變化之中。張載關於兩個對立面相互作用的理論，論證了事物的內在矛盾是運動變化的原因，肯定了物質世界運動變化的永恆性。

▍「萬物皆有理」——對人類認知活動的思考

既然氣是構成世界的物質實體，那麼，氣與理的關係是怎樣的呢？張載認為氣的變化是有理的，他說：「天地之氣，雖聚散攻取百塗（途），然其為理也，順而不妄。」（《正蒙·太和》）意思是說，氣時聚時散，或者相互排斥，或者相互吸引，雖然變化多端，但都遵循一定的規律——理。理是客觀的，不以人的意志為轉移。

張載進一步提出「萬物皆有理」（《語錄》）的觀點，認為天地萬物都含有「理」。他說：「天之生物也有序，物之既形也有秩。」（《正蒙·動物》）天地萬物的運動變化都有一定的規律性，也就是都包含一定的理。

張載認為，人們必須窮究萬物之理：「若不知窮理，如夢過一生。」（《語錄》）那麼，怎樣窮理呢？張載認為，

理是物的理，理依賴於物而存在，因此要堅持從外物到認知的方法。他說：「人謂己有知，由耳目有受也；人之有受，由內外之合也。」（《正蒙‧大心》）就是說，認知的產生，是由於感官接受了外來刺激；人之所以能夠接受外來刺激，是因為主體和客體的接觸。這裡強調了外物是認知產生的根源，認知作用是以外物為根據的。

張載還論述了感性認知和理性認知的作用。他認為，感性認知是感官從外界得來的，但是僅僅有感性認知還不足以了解真理。「世人之心，止於見聞之狹。聖人盡性，不以見聞梏其心。」（《正蒙‧大心》）就是說，一般人的心，以感性認知為範圍；而聖人的心，不受感性的局限，與天下萬物同其廣大。這裡是說，耳目等感官有局限，只有靠心的作用，才能了解事物的本質。這裡的「盡性」，是指研究宇宙的本質和規律。

▎「善反之，則天地之性存焉」── 對人性的思考

張載認為，萬物是氣的凝聚，人也是由氣凝聚而成的。氣的本性，就是人的本性。他說：「合虛與氣，有性之名。」（《正蒙‧太和》）這裡的「虛」，是太虛，即氣的本來狀態；這裡的「氣」，指陰陽二氣。這句話是說，太虛本性和

陰陽二性的結合，構成了人性。

張載認為，每個人都有太虛本性，這叫做「天地之性」；又因為每個人所受的陰陽二氣不同，所以每個人又有其特殊的本性，這叫做「氣質之性」。「天地之性」是純粹的、至善的，「氣質之性」則雜而不純、善惡皆有。人所表現出的善來源於「天地之性」，惡則來源於「氣質之性」。

「天地之性」是人的本質所在，人們只要善於反省，就能找到自己的「天地之性」，這就是張載所說的「形而後有氣質之性，善反之，則天地之性存焉」（《正蒙·誠明》）、「性於人無不善，系其善反不善反而已」（《正蒙·誠明》）。

那麼，如何反省而回歸「天地之性」呢？張載認為，既然人的各種慾望和不善都來自「氣質之性」，那麼，君子就應該「變化氣質」，即透過道德修養來改變「氣質之性」。

張載還認為，既然自己的本性與一切人和物都相同，那麼，就應該愛一切人和一切物。他說：「性者萬物之一源，非有我之得私也。唯大人為能盡其道。是故立必俱立，知必周知，愛必兼愛，成不獨成。」（《正蒙·誠明》）這是說，「性」是萬物共同的本性，不單單是我個人所擁有的，但唯有「大人」的行為才能體現出這個道理。所以，立，必立己而且立人；知，必周知萬物；愛，必愛己而且愛人；成，必成己而且成物。張載在〈西銘〉中進一步發揮了這種泛愛思想。

〈西銘〉與「橫渠四句」── 對人生境界的思考

〈西銘〉也叫做〈訂頑〉，是《正蒙》第十七篇的第一條。它宣揚儒家的仁孝思想，並將之提高到一個新的境界，因而受到程顥、程頤和朱熹的推崇，成為宋明理學的重要思想來源之一。

〈西銘〉開頭說：「乾稱父，坤稱母；予茲藐焉，乃混然中處。故天地之塞，吾其體；天地之帥，吾其性。民，吾同胞；物，吾與也。」張載在此明確了人在宇宙中的地位。他說宇宙像一個大家庭，天好比父親，地好比母親。我極其渺小，和萬物一樣生存於天地間。因此，充塞於天地間的氣構成了我的身體；氣的本性是天地間的統帥，它構成了我的本性。所以，一切人都是兄弟，萬物都是同伴，這就是「民胞物與」。他真誠地認為，人生存於世上，本來都是兄弟，所以人們要彼此相愛。這是一種人類之愛。張載在這裡建構了一個「天下一家」的宇宙社會觀，強調了宇宙中一切人和物的親和關係。張載認為，人以天地（乾坤）為父母，應該以對待父母的方式來對待天地。將對「天地父母」的「孝」推廣到社會生活中，就是要盡自己的職責做事，盡心盡力關照他人和社會。

張載接著借助傳統宗法關係描述了人在社會中的地位和

第七章　張載

職責：「大君者，吾父母宗子；其大臣，宗子之家相也。尊高年，所以長其長；慈孤弱，所以幼其幼；聖，其合德；賢，其秀也。凡天下疲癃、殘疾、惸獨、鰥寡，皆吾兄弟之顛連而無告者也。」

這是說，君主是「天地父母」的「長子」，大臣是君主的輔佐。尊敬老人，就是尊重我的兄長；愛護孤幼，就是愛護我的幼兒。聖人身上能體現天地的品德，賢人則是天地優秀的兒子。所有天下衰弱、殘疾、孤苦的人，都是我可憐的兄弟。

在張載看來，自我和他人雖然是同胞關係，但由於各自存在社會地位和境遇的不同，在社會上的具體職責也就不同。然而所有的人都應該尊重聖賢，並以之為榜樣。他說：「不愧屋漏為無忝，存心養性為匪懈。惡旨酒，崇伯子之顧養；育英才，潁封人之錫類。不弛勞而底豫，舜其功也；無所逃而待烹，申生其恭也。體其受而歸全者，參乎！勇於從而順令者，伯奇也。」

這是說，即便在屋漏隱僻之地獨處，也能無愧無怍，這才算無辱於「天地父母」；時時存仁心、養天性，這才算是無所懈怠。崇伯之子大禹不近美酒，專心奉養「天地父母」；潁考叔透過培育英才而將恩德施與同類；舜不斷努力令父母歡愉，以此作為對天地的貢獻；順從父命，不逃亡以

待烹戮，這是太子申生被諡「恭」的緣由；臨終時將自己的身體完整地歸還給「天地父母」的是曾參；勇於順從父命的是伯奇。張載認為，所有人都應該像禹、穎考叔、申生、曾參、伯奇等古代聖賢一樣，做純孝的人，以發揚社會公德和成就自我人格。

張載還主張，人應該安然地對待富貴貧賤、福禍壽夭等生存境遇：「富貴福澤，將厚吾之生也；貧賤憂戚，庸玉女（汝）於成也。存，吾順事；沒，吾寧也。」

這是說，人應該樂道不憂、樂天安命。人生的順境，是上天對我的恩澤；人生的困境，是上天對我的考驗。如果活著，我就按照常規做事；如果死了，我就寧靜地休息。這種態度是君子最高的精神境界。只有坦然地對待生平所遇，堅持不懈地實現自己的價值，才能超越外在境遇對自我的困擾，達到人生的永恆安寧。

〈西銘〉申明了人對宇宙應有的態度。它之所以受到後人的重視，是因為它不僅具有包容宇宙的氣魄，而且具有開創性。孔子所講的仁孝只是指人的內心，孟子講仁孝要推己及人；張載的不同之處在於，他把仁孝之道推廣到宇宙的範圍，把人生和宇宙結合起來，把對人生的認知貫徹為對宇宙的了解，這是先賢所未發的。〈西銘〉將仁孝理論提高到一個新的境界，這一理論的產生，是以張載的氣本論作為基礎

的。既然宇宙是由氣構成的，人也是由氣構成的，那麼，人與宇宙也是一體的。人雖然渺小，但和宇宙一致，所以「萬物一體」、「民胞物與」。

總體來說，〈西銘〉講的是人生境界，它要求人在有生之年，盡其身為宇宙成員和社會成員所應擔負的責任和義務。正因為有這樣的人生境界，張載的志向不同凡響：「為天地立心，為生民立命，為往聖繼絕學，為萬世開太平。」（《語錄》）這就是著名的「橫渠四句」。

「橫渠四句」中，前兩句是關鍵。所謂「立心」，就是把人的思維能力發揮到最高程度，使宇宙間的事物和規律得到最廣和最高的了解。所謂「立命」，就是立「道」。「道」是為人的道理。「立命」與周敦頤所說的「立人極」意思相近。

「橫渠四句」是「大其心」所產生的結果。張載說：「大其心則能體天下之物。」（《正蒙·大心》）人如果能跳出自己的圈子，他的心開闊了，也就能使思維能力發揮到極致，對天下之物有一個透澈的認知。

〈西銘〉及「橫渠四句」所闡明的身為個體的人的最高理想，是要實現自我和他人、家庭和社會、人類和自然的和諧統一。要實現這種理想，首先要在對宇宙無限性及和諧性認同的基礎上，確立宇宙的基本精神，即自我的本性。只有認同了天地的廣大仁性，並在社會實踐中竭力承擔社會責

任，盡心關照每一個社會成員，才算是發揮出天地之性，而無愧生於天地之間。這是張載為人們指出的應有的人生理想。難怪程顥對〈西銘〉讚佩有加，認為有了這一篇文章，可以省去許多言語。

第七章　張載

第八章　程顥、程頤

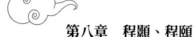

第八章　程顥、程頤

▌程顥、程頤其人

程顥（一〇三二年～一〇八五年），字伯淳，世稱明道
先生。程頤（一〇三三年～一一〇七年），字正叔，世稱伊
川先生，為程顥之胞弟。兄弟二人合稱「二程」，是理學的
奠基人。

程顥像　　　　　　　　　程頤像

二程是洛陽人，出身於仕宦家庭，父親程珦官至太中大
夫。二程童年時隨父親四處遷徙，在父親的各個任所就讀。
十四五歲時，兄弟兩人聽從父命，受學於周敦頤。程頤在
〈明道先生行狀〉中說其兄長的治學過程，一方面接受儒家教
育，另一方面不滿科舉之業而接受佛、道思想，在吸納其中
一些元素後，又返歸儒家經典，從而建立了自己的思想學說。

宋仁宗嘉祐二年（一〇五七年），程顥中進士，先後
任鄠縣主簿、上元主簿、澤州晉城令等。宋神宗熙寧二年

（一〇六九年），王安石主持變法，曾派程顥等人視察農田水利賦役等情況。後由御史中丞呂公著推薦，程顥任太子中允、權監察御史裡行，便由地方進入中央。他上了一系列奏疏，反對王安石新法，引起王安石的不滿，於是被排擠出朝廷，為僉書鎮寧軍節度判官事。熙寧五年（一〇七二年）以後，程顥雖然還擔任過一些官職，但主要精力已轉向學術和教育。元豐八年（一〇八五年），宋哲宗即位，王安石變法失敗，以司馬光為首的舊黨人物上臺，程顥被推薦為宗正寺丞，但他沒來得及赴任就去世了，享年五十四歲。程頤在〈明道先生墓表〉中評價他說：「使聖人之道煥然復明於世，蓋自孟子之後，一人而已。」

程頤少有大志，十八歲時就以布衣身分上書宋仁宗，顯示出憂國憂民的情懷。宋仁宗嘉祐元年（一〇五六年），程頤隨父入京師，入國子監讀書。國子監直講胡瑗以〈顏子所好何學論〉試諸生，看了程頤的試卷後大為讚賞，遂授予他學職。當時顯貴呂公著的兒子呂希哲率先拜程頤為師，隨後四方之士紛紛前來拜師求教。

嘉祐四年（一〇五九年），程頤受詔，賜進士出身。程家世代為官，程頤的父親按例享有蔭庇子弟當官的特權，而程頤每次都把做官的機會讓給同族的人，長期以處士的身分潛心學術。

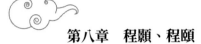

第八章　程顥、程頤

　　宋哲宗即位後，司馬光、呂公著等人推薦程頤為汝州團練推官、西京國子監教授，但程頤並沒有接受任命。宋哲宗元祐元年（一○八六年），程頤受命為崇政殿說書，輔導皇帝讀書。程頤就職前上奏宋哲宗，提出讓侍講官坐著講的建議，以培養君主尊儒重道之心。他在講課時，常於文義之外，反覆推明聖賢之道，使聽者嘆服。一時間，有很多學者歸於程頤門下。程頤以天下為己任，議論褒貶，無所顧避。然而，之後他捲入了黨爭，受到彈劾，被罷去崇政殿說書之職。自此程頤基本上脫離了政治生活，在洛陽從事講學。紹聖三年（一○九六年），因新黨再度執政，他被定為舊黨成員，貶到涪州。

　　元符三年（一一○○年），宋徽宗即位，移程頤至峽州，短暫恢復其官職。崇寧元年（一一○二年），宋徽宗恢復新法，貶斥舊黨，下旨毀掉程頤的全部著作，程頤退居洛陽龍門之南伊皋書院。大觀元年（一一○七年），程頤在黨禍中去世，享年七十五歲。程頤入葬時，其弟子因懼怕捲入黨禍而不敢送葬。

《二程全書》

程顥、程頤的著作，有《程氏遺書》、《程氏外書》、《程氏文集》、《周易程氏傳》、《程氏經說》、《二程粹言》等六種。

- 《程氏遺書》二十五卷、附錄一卷，是二程的語錄，由二程門人記錄，後經朱熹編定。
- 《程氏外書》十二卷，由朱熹編定。
- 《程氏文集》十二卷，前四卷為程顥的詩文集，後八卷為程頤的詩文集。後附《遺文》一卷。
- 《周易程氏傳》四卷，是程頤對《易經》的註釋。
- 《程氏經說》八卷，是程頤解經之文。
- 《二程粹言》二卷，是二程的弟子楊時對二程語錄的改寫訂定。

明清時，人們把二程的六種書合刊為《二程全書》。明萬曆年間有徐必達刻本，清康熙年間有呂留良刻本，清同治年間有塗宗瀛刻本。

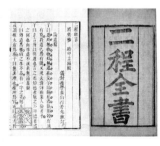

《二程全書》

▌「天理」的提出

二程最早以「天理」作為其哲學體系的最高範疇。程顥說：「吾學雖有所受，『天理』二字卻是自家體貼出來。」（《程氏外書》卷十二）天理的提出，確立了理學的基本概念，為理學的發展奠定了理論基礎，這是二程的一大貢獻。

程顥認為，世界的根源是「理」，也叫做「天理」或「道」。他說：「天者，理也。」（《程氏遺書》卷十一）「天」是宇宙萬物的主宰和根源，是最高實體。「天即理」的論斷，將「天」與「理」等同起來，使「理」成了最高實體，具備了宇宙本體的意義。

程顥認為，天理具有普遍性和客觀性，而且永遠存在。他說：「天理云者，這一個道理，更有甚窮已？不為堯存，不為桀亡。人得之者，故大行不加，窮居不損。這上頭來，更怎生說得存亡加減？是佗元無少欠，百理具備。」（《程氏遺書》卷二）他還說：「萬物皆只是一個天理，己何與焉？」（《程氏遺書》卷二）這段話包含兩層意思：首先，天理是普遍的，適用於所有的人和物；而狹隘的道理只適用於一隅，不可以普遍化。其次，天理是客觀的，個人的主觀好惡無法摻雜其中。天理永遠都在，不會因為有像堯那樣的好人就存在，也不會因為有像桀那樣的壞人就消亡。個人行為的好與壞，不影響天理的存在；人對天理的知與不知，也

不影響天理的存在。每一事物都有完備的理。理不生不滅，不增不減，永遠存在。

程頤認為，理是事物的所以然，也是事物所根據的法則。「所以謂萬物一體者，皆有此理，只為從那裡來。」（《程氏遺書》卷二）這是說，理是萬物產生的根源，萬物都是理所派生的。因為萬物都是理的體現，所以說「萬物一體」。他還說「天下物皆可以理照」（《程氏遺書》卷十八），就是說理產生和支配萬物，超越於萬物之上。

程頤還認為，萬物各有其理，但從根本上來說，萬物的理只是一個理，萬物都是這個絕對的理的體現。他說：「理則天下只是一個理，故推至四海而準。」（《程氏遺書》卷二）他還說：「萬物皆是一理，至如一物一事雖小，皆有是理。」（《程氏遺書》卷十五）由此，他提出「理一分殊」的觀點：「天下之理一也，途雖殊而其歸則同，慮雖百而其致則一。雖物有萬殊，事有萬變，統之以一，則無能違也。」（《周易程氏傳》卷三）這是說儘管天下的事物各不相同，但它們有一個統一的理。這個理從萬事萬物中體現出來，是萬物存在的依據。

理既是自然界的最高原則，也是社會的最高原則。程頤說：「凡眼前無非是物，物物皆有理，如火之所以熱，水之所以寒。至於君臣父子間，皆是理。」（《程氏遺書》卷十九）這是說理的一個重要內容是君臣、父子等倫理觀念。

程顥也說：「父子君臣，天下之定理。」（《程氏遺書》卷五）二程「天理」論的主要作用在於，把人倫等同於天理，也就是把維護君權和父權統治的道德法則看成是永恆的絕對真理，這樣就從宇宙本體的高度論證了封建社會秩序和道德規範的合理性。

▌「有理則有氣」

「理」和「氣」是二程哲學的基本範疇。關於什麼是氣，二程吸取了張載的氣化論，認為「萬物之始，皆氣化」（《程氏遺書》卷五）。萬物在陰陽二氣的消長變化中得以生成，氣是生成萬物的材料。

關於理和氣的關係，張載主張以氣為本，認為氣是最根本的實在。二程反對張載的氣本論，認為氣是物質的，而物質世界是形而下的，形而下的不是根本；道、理是形而上的，形而上的才是根本。程顥說：「形而上者謂之道，形而下者謂之器。若如或者以清虛一大為天道，則乃以器言，而非道也。」（《程氏遺書》卷十一）「或者」指的就是張載，「清虛一大」即張載所說的「太虛」。張載認為太虛是氣的原始狀態，是物質世界的最初根源；程顥則認為太虛是物質性的，不足為根本。與張載以氣為本的觀點相反，程頤認為理是世界的本原，是第一性的，氣是從屬於理的。他說：「有

理則有氣。」（《二程粹言》卷一）氣由於理的作用才產生出來，理是氣的根本。

張載認為，氣有聚散，但永遠存在。程頤吸收了張載以聚散言氣的思想，但認為氣有生有滅，不是永恆的。他說：「物生者，氣聚也；物死者，氣散也。」（《二程粹言》卷二）「凡物之散，其氣遂盡，無復歸本原之理。」（《程氏遺書》卷十五）事物消亡就是氣散。氣散之後，事物就不存在了，構成事物的材料──氣也不會復歸本原。由於理的作用，氣產生出來。氣不斷地產生、消亡，而理作為世界的本原是永恆的。

與強調天理為本體相關聯，二程強調形而上、形而下的區分。相對於程顥，程頤對這種區分更為注重，也更為嚴格。程頤說：「一陰一陽之謂道。道非陰陽也，所以一陰一陽者道也。」（《程氏遺書》卷三）他還說：「離了陰陽更無道，所以陰陽者是道也。」（《程氏遺書》卷十五）他認為，形而下之器，是時空中的具體事物；形而上之道，是超時空永存而抽象的理。形上見於形下，如果沒有形下之器，則形上之道就不可見，故云「離了陰陽更無道」。但是，道乃是「所以一陰一陽者」，即陰陽的所以然，它並不就是陰陽，故云「道非陰陽」。程頤對形上、形下的嚴格區分，為中國哲學打開了一個巨大的、思辨性的哲學空間。

▍「性即理」

　　二程創立了「性理之學」。他們認為，人性來源於兩個方面，即「生之謂性」、「天命之謂性」。

　　程頤說：「『性』字不可一概論。『生之謂性』，止訓所稟受也；『天命之謂性』，此言性之理也。今人言天性柔緩，天性剛急，俗言天成，皆生來如此，此訓所稟受也；若性之理也，則無不善，曰天者，自然之理也。」（《程氏遺書》卷二十四）

　　這裡，「生之謂性」也叫氣質之性。氣有清有濁，所以這個「性」有善有惡；「天命之謂性」的「性」，則是天所賦予的，是作為宇宙根源的「理」在人心中的體現，所以這個「性」是純粹的善。

　　這裡，我們要注意的是，程頤在解釋「性」時，引入了「理」的概念。程頤認為，「天命之謂性」的「性」，就是「理」，所以他說「性即理也」（《程氏遺書》卷二十二）。而他說的「理」，也就是「五常」。這實際上是認為，五常是所有人的先天本性，是人固有的東西。這樣就把人性和天理等同起來，把人性論和宇宙論結合起來了。人性論和宇宙論的結合，使得封建社會的倫理綱常成了人們必須遵守的宇宙規律，從而使宋代理學確立起來。

　　人性既然包括仁、義、禮、智、信等道德內容，為什麼人在生活中又有許多不道德的行為呢？這就回到程頤所說的人性的另一來源 ——「生之謂性」。

　　程頤說：「生之謂性，性即氣，氣即性，生之謂也。人生氣稟，理有善惡，然不是性中元有此兩物相對而生也。有自幼而善，有自幼而惡，是氣稟有然也。善固性也，然惡亦不可不謂之性也。」（《程氏遺書》卷一）這裡，我們要注意的是，程頤在解釋「性」時，引入了「氣」的概念。人作為具體的物，在生成時必然依於氣，就是說人帶有「氣稟」。人性雖然就其本體而言是至善的，但既然帶有「氣稟」，就會有善惡，如同水有清濁一樣。程頤還說：「氣有清濁，稟其清者為賢，稟其濁者為愚。」（《程氏遺書》卷十八）就是說，氣有清濁，人有善惡。人的惡是從先天稟受的氣質中帶來的。

　　基於這樣的人性論，二程提出了「存天理，去人欲」的主張，即透過克服人欲，來保持以天理為內容的「天命之謂性」。程頤說：「無人欲，即皆天理。」（《程氏遺書》卷十五）他認為天理和人欲是對立的，要使人心回歸天理，必須摒除人欲和私意。

▍「仁者渾然與物同體」

程顥對儒家的核心概念「仁」提出了新解釋。他說：「醫書言手足痿痺為不仁，此言最善名狀。仁者以天地萬物為一體，莫非己也。認得為己，何所不至？若不有諸己，自不與己相干。如手足不仁，氣已不貫，皆不屬己。」（《程氏遺書》卷二）程顥認為天地萬物是一個整體，它們之間有著休戚相關的連繫。仁人就是以天地萬物為一體的人，他能切實感受到自己與萬物合而為一，他所達到的這種體驗境界，就叫做「仁」。如果感受不到萬物之間的這種關係，就是不仁。他還認為，僅僅認知到萬物一體的道理是不夠的，重要的是要達到這種仁的境界，真實地感覺到自己與萬物同體。比如仁人會將山看作自己的骨骼，將河看作自己的血脈。假如有人上山濫伐，他會感到疼痛；有人弄髒河水，他會感到痛心。這就是仁的境界。

程顥還說：「若夫至仁，則天地為一身，而天地之間品物萬形為四肢百體。夫人豈有視四肢百體而不愛者哉？聖人仁之至也，獨能體是心而已。」（《程氏遺書》卷四）如果能感受到自己與萬物一體，把天地看成是一個大我，就會對天地萬物充滿愛。達到了這種「至仁」的境界，就會泛愛萬物。如果感受不到與萬物一體，對他物的愛就是空談。

如何達到仁的境界？程顥說：「學者須先識仁。仁者渾

然與物同體，義禮知（智）信皆仁也。識得此理，以誠敬存之而已。不須防檢，不須窮索。若心懈，則有防；心苟不懈，何防之有？理有未得，故須窮索；存久自明，安待窮索？」（《程氏遺書》卷二）學習者一定要到達仁的境界。因為人和萬物之間存在感通關係，所以要感覺到渾然與萬物同體。他還認為，義、禮、智、信都是仁的不同表現，是仁這個更高原則的具體化。明白了這個道理，「以誠敬存之」就可以了，也就是說，真誠地、專注地注意這個道理就可以了，不需要提防檢省，也不需要冥思苦想。他還說，「以誠敬存之」的修養方法，是「必有事焉而勿正，心勿忘，勿助長」（《程氏遺書》卷二）。就是說，要堅持這個道理，並且透過不斷努力達到這種精神境界。但也不能操之過急，如果求之過速，就如揠苗助長。總體來說，這個方法就是「勿忘」、「勿助長」。

達到這種仁的境界的仁人，會表現出一種溫暖和平的氣象，產生相當大的感染力。所以，有程顥的學生感嘆，跟從老師學習時，如坐於和煦春風中。

▌「涵養須用敬」

二程主張以「敬」為基本的修養功夫。程顥說：「敬勝百邪。」（《程氏遺書》卷十一）意思是說，「敬」可以消除

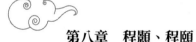

一切虛妄邪惡的東西。程頤也說：「涵養須用敬，進學則在致知。」（《程氏遺書》卷十八）在此我們談談「涵養須用敬」，把「進學則在致知」放在下一節來談。

什麼是「敬」？程頤解釋說：「主一之謂敬。」（《程氏遺書》卷十五）「主一」就是聚精會神、專心致志的精神狀態。對於「一」，他解釋道：「無適之謂一。」（《程氏遺書》卷十五）他認為「主一」就是「無適」，即在沒有任何對象和方向的情況下，內心收斂、嚴整、純淨、專一。具體說，由於對天理真誠的崇奉，形成了對待天理恭謹專一、不輕慢、不懈怠的心理，這就是「敬」。程頤說：「純於敬，則己與理一，無可克者，無可復者。」（《二程粹言》卷一）就是說，如果做到全心全意的「敬」，就會使自己的身心與天理合為一體。要是修養到這種程度，那就不會有需要克服的物慾，也不會有需要恢復的天理了。

為什麼一定要有此「主一」的「敬」呢？因為人總是有各種各樣的想法，純粹的無思無慮是不可能的。程頤說：「人心不能不交感萬物，亦難為使之不思慮。若欲免此，唯是心有主。如何為主？敬而已矣。」（《程氏遺書》卷十五）要想做到內心嚴整、純淨、專一，只有常常集中注意力，保持精神的專一，時刻提醒自己克服私心雜念。與「敬」相反的是心不在焉、一心二用。如果心因為放縱而不在此處，那

就需要收斂心神，讓它回到原位，保持「主一」、「無適」的狀態。

「敬」與「靜」不同。周敦頤講「靜」，二程不同意他的說法。有人問程頤：「敬」是否就是「靜」？程頤認為，如果靜修到心如死灰的境地，就忘記了一切，還談什麼明天理？儒家的修養功夫，不是待在一處靜坐，而是一件事一件事地去磨練。人生的磨練是一個漫長的過程，要透過大大小小的事去慢慢地累積。儒家的修養方式是實際的行動，多做一件事情，就多一分感受和經驗。

關於「敬」的效用，程頤說：「敬是閑邪之道。閑邪存其誠，雖是兩事，然亦只是一事，閑邪則誠自存矣。」（《程氏遺書》卷十八）「閑」是排除的意思。「敬是閑邪之道」，意即「敬」是清除邪惡的最好辦法。邪惡的東西一旦被清除，美好的東西自然會呈現出來。「敬」使人排除一切私心雜念，在信守天理上達到高度的專一。同時，排除了私心雜念的人，也增強了對天理的真誠篤實的信念，這就是「存誠」。

日常生活中，人們面臨的最大問題，是把自我看得太重。過強的自我意識，讓人沉溺於個人的算計，總是患得患失，難有幸福感。「敬」為人們提供了修養的方法，可以幫助人們打破以自我為中心的羅網。如果人能保持對人類公理

的真誠信仰，保持純淨、嚴整、專一的內心，凡事出於公心，個人的煩惱焦慮就會逐漸淡化和消失。正如程顥所說，「敬勝百邪」，有了「敬」的修養功夫，所有的沉渣都會滌盪乾淨。

▎「致知在格物」

程頤說：「涵養須用敬，進學則在致知。」（《程氏遺書》卷十八）「涵養須用敬」，主要側重人的氣質的調整，上一節已經談到。程頤認為，除此之外，修養的方式還包括「進學」，而「進學」的根本在於「致知」。那麼，「致知」的根本又在於什麼呢？程頤說：「致知在格物。」（《程氏遺書》卷十一）

程頤認為，人的心中本來具有完備的知識，但不能直接體認，必須用「格物」的功夫才能得到真知。他說：「知者吾之所固有，然不致則不能得之，而致知必有道，故曰致知在格物。」（《程氏遺書》卷二十五）

什麼是「格物」？程頤說：「格，至也。言窮至物理也。」（《程氏遺書》卷二十二）他認為，「格」是「至」的意思，「格物」就是「至物」。程頤對「格物」還有一種解釋，他說：「格猶窮也，物猶理也，猶曰窮其理而已也。窮其理，然後足以致之，不窮則不能致也。」（《程氏遺書》

卷二十五）這是說，「格」就是「窮」，「格物」就是「窮
理」，即對事物的道理進行探索，以徹底弄清事物的道理。
他認為，只有「窮理」，才能「致之」，也就是返回本體的
「理」。以上兩種解釋，實際上是相通的，「窮」與「至」的
字義是相似的。總之，「格物」就是窮盡事物的道理。

「格物」的具體內容是什麼？程頤說：「窮理亦多端，
或讀書，講明義理；或論古今人物，別其是非；或應接事物
而處其當，皆窮理也。」（《程氏遺書》卷十八）就是說，
可以從多個方面來窮理，如讀書講明義理、議論古今人物的
是非、恰當處理事物等。

「格物」的具體方法是什麼呢？程頤說：「須是今日格
一件，明日又格一件，積習既多，然後脫然自有貫通處。」
（《程氏遺書》卷十八）格物窮理，應當先累積，後貫通，
也就是先一件一件地了解、研究，累積得多了，就能豁然領
悟、一通百通，了解到最根本的理。

第八章　程顥、程頤

第九章　朱熹

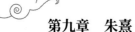

第九章　朱熹

朱熹其人

朱熹（一一三〇年～一二〇〇年），字元晦，一字仲晦，號晦庵，別稱紫陽先生，謚「文」，世稱「朱文公」，後人尊之為「朱子」。祖籍徽州婺源（今屬江西），出生於南劍州尤溪（今屬福建）。南宋理學家、教育家、詩人，儒學集大成者。

朱熹像

朱熹從小就聰慧過人。剛會說話時，他父親指著天，教他說「天」。朱熹應聲問：「那天之上是什麼？」這使他的父親非常驚奇。朱熹入學後跟從老師讀書，老師教他讀《孝經》。朱熹看過一遍，就在書上寫道：「不若是，非人也。」他讀到《孟子》裡「舜何人也？予何人也？有為者亦若是」這些話之後，便決心要做聖人。

朱熹十九歲考中了進士。初入仕途，他做了泉州府同安縣主簿。他還先後被任命為國子監武學博士、知南康軍、漳州知州、潭州知州等，晚年任煥章閣待制兼侍講，為宋寧宗講學。朱熹做地方官時，關心民眾疾苦，為他們做了很多興利除害的事。他清正廉明、作風嚴峻，使地方的不良官吏非常懼怕。朱熹平生不喜當官，屢召不起，所以他在中進士之後的五十餘年中，真正為官的時間並不長，在朝廷為皇帝講

學僅僅四十六天。

朱熹拜程顥、程頤的三傳弟子李侗為師，得以承襲「洛學」的正統，由此奠定了他後來的學說基礎。朱熹的主要時間和精力都用在了講學授徒、著書立說上面。他在福建、江西、湖南等地創辦或修復了寒泉精舍、白鹿洞書院、岳麓書院、滄州精舍等講學場所，以求明道於當時。他憑著超人的稟賦與絕大的氣力，廣泛涉獵並深入研究了上迄先秦，下至宋代的文化典籍，寫下了大量著作。

朱熹晚年受到掌權者的打壓，官職被罷免，他所倡導的學說被斥為「偽學」而遭到禁止，他的門人故交也受到迫害。朱熹死後九年，他的思想才重新受到朝廷重視，他的名譽也逐漸達到高峰。南宋末年，宋理宗追封朱熹為信國公，後改為徽國公。元、明、清三代，朱熹及其學說都享有極高的地位。

朱熹被古今許多學者認為是孔子之後思想文化領域的第二位集大成者。在傳統文化領域，就視野的博大、思想的高明、闡述的縝密、影響的深遠等方面而言，朱熹猶如一座高聳的山峰，不僅超過了前人，也讓後輩難以企及。錢穆在其《朱子學提綱》中說：「在中國歷史上，前古有孔子，近古有朱子，此兩人，皆在中國學術思想史及中國文化史上發出莫大聲光，留下莫大影響。曠觀全史，恐無第三人堪與倫比。」

▌朱熹的著作

朱熹著述十分豐富，其著作歷代雖有編輯，但並不完備。後來出版編輯的《朱子全書》，不僅囊括了朱熹的全部著述，而且將今人對已失傳的朱熹文字的考訂輯錄也編集成冊，並附有歷代文獻家對各種版本的朱熹著作的著錄、序跋、考訂等，是目前為止最完備的朱熹的著作集。

朱熹的著述中，《四書章句集注》是他費時最多、用力最大，也最能反映他的思想的著述。「四書」也稱「四子」，是《論語》、《孟子》、《大學》、《中庸》的合稱。「四書」原來各自獨立，朱熹將其結集成冊，並傾注畢生精力為其註解。朱熹說：「某於《論》《孟》，四十餘年理會，中間逐字稱等，不教偏些子。」（《朱子語類》卷十九）「某於《大學》用工甚多。」（《朱子語類》卷十四）朱熹認為，「四書」言近旨遠，可以讓學者費時少而獲益多。因朱熹的影響，在元、明、清三代，「四書」的重要性超越了漢唐流行的「五經」，成為學者治學的經典，《四書章句集注》也成為學者理解「四書」義理的指南。

《四書章句集注》

▍理與氣

程朱學派把「理」作為核心觀念，所以被稱為「理學」。朱熹在二程理學的基礎上，把關於「理」的理論闡述得更加明晰了。

朱熹論述了理和氣的關係。他說：「天地之間，有理有氣。理也者，形而上之道也，生物之本也；氣也者，形而下之器也，生物之具也。」（〈答黃道夫〉）這是說，一切事物都是由理和氣構成的。氣構成事物的材料，並決定事物的形狀；理規定事物的性質，並決定事物的運行規則。理是抽象的、形而上的，是創造萬物的根本；氣是具體的、形而下的，是創造萬物的材料。

朱熹還認為，理和氣不可分離。他說：「天下未有無理之氣，亦未有無氣之理。」（《朱子語類》卷一）但是，他又認為「理在氣先」。他說：「理氣本無先後之可言，然必欲推其所從來，則須說先有是理。」（《朱子語類》卷一）意思是，從構成事物的時間上來說，理和氣沒有先後可言。一個事物能成為該事物，必然同時具有理和氣這兩個方面，不可分先後；但是從根源上、邏輯上來說，應當是理在氣先。《朱子語類》卷一還有這樣一段對話：「問：先有理，抑先有氣？曰：理未嘗離乎氣。然理形而上者，氣形而下者。自形而上下言，豈無先後！」這也是說，理和氣就現實而言是

不可分的，但是從形而上和形而下的關係來看，從邏輯上來看，應該是理在氣先。

對於理和事物的關係，朱熹認為理在事物之先。他說：「若在理上看，則雖未有物而已有物之理，然亦但有其理而已，未嘗實有是物也。」（〈答劉叔文書〉）這是說，在具體事物存在之前，這些事物的理便已經存在了。他還說：「未有天地之先，畢竟也只是理。有此理，便有此天地；若無此理，便亦無天地，無人無物，都無該載了！有理，便有氣流行，發育萬物。」（《朱子語類》卷一）這是說，在宇宙未生成之前，一切理就都已經存在了。理是先於事物而存在的形而上者，理比氣更根本；同時，氣有變化的能動性，理又不能離開氣。總而言之，就是理在氣先、理在事物之先，理是第一性的，氣是第二性的。朱熹把這種先於具體事物而存在的理叫做「天理」，認為它是最高的、永恆的、必然的原則。

▍理一分殊

朱熹認為，每一類事物都有它的理，那麼，整個宇宙肯定也有一個終極的理。這個終極的理便是「太極」，它包括了萬物的萬般之理，是對一切理的概括：「總天地萬物之理，便是太極。」（《朱子語類》卷九十四）就是說，萬物雖然各有其理，但是萬物之理都是一個根本的、整體的內

容。太極是萬事萬物之理的總體，是萬事萬物的根源，一切事物的產生、變化、消亡都根源於它。

　　朱熹認為，太極包含萬物之理，萬物則分別完整地體現了太極，這就是「理一分殊」。「理一」，是說整個世界的最根本的理只有一個 —— 太極；「分殊」，是說萬物是太極的分別的體現。這裡需要強調的是，由於太極是一個不能分割的整體，所以萬物分別體現的都是整體的太極。因此，朱熹說「人人有一太極，物物有一太極」（《朱子語類》卷九十四）。就是說，宇宙只有一個太極，它是萬事萬物生成和存在的依據。既然每一人、每一物都以太極為存在的依據，那麼每一人、每一物都含有太極，都具有那個普遍的理。總之，太極不僅是宇宙萬物之理，而且內在於每類事物的所有個體之中。每個事物都含有它這類事物的理，而在這個個別的理當中，又有太極整體之理。正如朱熹所說：「本只是一太極，而萬物各有稟受，又自各全具一太極爾。」（《朱子語類》卷九十四）

　　既然每個事物都包含整體的理，那麼這一事物的理與那一事物的理為什麼不同呢？朱熹解釋說，雖然每一事物都具有整體的理，但因為各個事物所稟受的氣不同，所以整體的理在各個事物上表現出來的時候，受到不同的氣的影響，就有偏有全了。因此，「理一分殊」雖然承認「分殊」也

是「理一」的具體表現，但強調「分殊」因受不同的氣的影響而各不相同。他舉例子說：「萬物皆有此理，理皆同出一原，但所居之位不同，則其理之用不一。如為君須仁，為臣須敬，為子須孝，為父須慈。物物各具此理，而物物各異其用，然莫非一理之流行也。」（《朱子語類》卷十八）強調每一事物都體現整體的理，而各類事物又有各自的理。

▍格物致知

　　一個人的成長離不開從外界獲取知識。人應該獲取怎樣的知識？如何獲取知識？獲取的知識用來做什麼？這是每一位自覺的教育者必須思考的問題。在中國古代文化典籍裡，《大學》首次系統而又簡略地回答了這些問題。

　　「大學之道，在明明德，在親民，在止於至善。」《大學》開篇便點明了成為「大人」（君子）的要旨所在。朱熹認為，這句話第一個「明」為動詞，意思是「使……彰明」，「明德」則是上天賦予人的德性。「親」應當看作「新」，意思是棄舊圖新。「親民」即「新民」，不僅自己要自明其明德，而且「當推以及人，使之亦有以去其舊汙染也」（《大學章句》經一章）。「止」是「一定要達到這樣的境界而不遷移」的意思。「明明德」、「親民」與「止於至善」，這三者也被稱為《大學》的「三綱領」。

　　《大學》接著給出了「格物」、「致知」、「誠意」、「正心」、「修身」、「齊家」、「治國」、「平天下」的八個步驟與途徑，它們也被稱作《大學》的「八條目」。用《大學》原文來說就是：「致知在格物。格物而後知至，知至而後意誠，意誠而後心正，心正而後身修，身修而後家齊，家齊而後國治，國治而後天下平。」然而，《大學》原文對「誠意」以下的六條目都有說明，對「格物」和「致知」卻沒有解釋。朱熹認為這有所遺漏，就在《大學章句》中做出了下面的解釋：「所謂致知在格物者，言欲致吾之知，在即物而窮其理也。蓋人心之靈莫不有知，而天下之物莫不有理。唯於理有未窮，故其知有不盡也。是以《大學》始教，必使學者即凡天下之物，莫不因其已知之理而益窮之，以求至乎其極。至於用力之久，而一旦豁然貫通焉，則眾物之表裡精粗無不到，而吾心之全體大用無不明矣。」朱熹認為人的心中本來就含有萬物之理，但人並不能直接了解它們，必須透過「格物」才能明白自己心中固有的理。《大學》的開始，就是要讓學者接觸天下萬物，根據已知的道理進一步加以研究，從而達到知識的極限。

　　具體來說，「格物」是「致知」的方法和途徑。這裡的「物」，含義極為廣泛，包括日月山川、草木鳥獸等自然之物，包括身心、性情等內在世界，包括君臣、父子、兄弟、

夫婦、朋友之間的倫理關係，包括前人留下的語言文字……
只要它們與人相接觸，便成為「物」，便需要去思考研究。
這裡的「格」，朱熹解釋為「至」或「來」，意思是人與物
相接觸。格物，就是要求人們不好高騖遠，隨時隨地對事物
加以研究，從而獲取知識。

　　「致知」是「格物」的目的與結果。朱熹認為，人是萬
物之靈，人心具有先天賦予的知識，所以能夠格物。人心
又因「氣稟之偏」與「物慾所亂」而暗昧不明，這不僅造成
了感知能力的虧欠，而且造成了知識面的狹隘，這就需要格
物來明理。「致」既有推到極致的意思，也有獲得的意思；
「知」指的是關於形而上的理的知識。因此，「致知」的一層
含義是將慈、孝等人心已知之理推到極致；另一層含義是廣
博地接觸外物，將已知之理推廣到未知的事物上，以窮盡萬
物之理。學者用力日久，「一旦豁然貫通」，便既可以見識
透澈，又可以見多識廣，如此才達到「致知」的境界。

▍道心與人心

　　人是萬物中的一類，有自己的理。人有順從理或悖逆理
的兩種行為。當人的行為順從理的時候，便符合道，便是善
行；當人的行為悖逆理的時候，便違背了道，便是惡行。照
道理講，每個人都應當順理行善。然而，在現實中，人們常

常不能如此。朱熹依據《尚書》裡提出的「道心」與「人心」，對這種現象做出了更細緻的解釋。

《尚書・大禹謨》記載，舜禪位給禹時說了這樣四句話：「人心唯危，道心唯微，唯精唯一，允執厥中。」這便是著名的「十六字心傳」。其意思是說：人心容易陷入危殆，道心則微妙難明，唯有精純無私、始終如一地遵守道心，才能真正地秉持中道。

朱熹認為，人之所以為萬物之靈，在於人有心。心又可以分為「人心」與「道心」兩個組成部分。人心由造成個性差異的形、氣所產生，道心由代表人類共性的性、命所產生。因兩者產生的根源不同，所以兩者知覺的內容也有差異。人心知覺於欲，而道心知覺於理，所以兩者或者危殆而不安，或者微妙而難見。每個人都有形，所以上等的智者也有人心；每個人都有性，所以下等的愚者也有道心。人心和道心相混雜於方寸之間，只有精純無私的人才能察覺人心與道心並存而不混雜的狀況，才能守護並維持本心的正道。因此，要順理而行、持守中道，就要使人心完全服從於道心。

▌至誠盡性

能始終堅持以道心統率人心，這樣的行為遵循了人的本性，便符合道。率先這樣做的人，是人群中的先知先覺者，或

者說是聖人。聖人將這個道理傳授給他人，這就形成了教化。

　　《中庸》的頭一句說：「天命之謂性，率性之謂道，修道之謂教。」朱熹對此做出了解釋：「命，猶令也。性，即理也。天以陰陽五行化生萬物，氣以成形，而理亦賦焉，猶命令也。於是人物之生，因各得其所賦之理，以為健順五常之德，所謂性也。率，循也。道，猶路也。人物各循其性之自然，則其日用事物之間，莫不各有當行之路，是則所謂道也。修，品節之也。性道雖同，而氣稟或異，故不能無過不及之差。聖人因人物之所當行者而品節之，以為法於天下，則謂之教，若禮、樂、刑、政之屬是也。蓋人之所以為人，道之所以為道，聖人之所以為教，原其所自，無一不本於天而備於我。」（《中庸章句》第一章）朱熹認同《中庸》所講的性本源於天的觀點，又將性等同於理，那麼，人的行為自然應當遵循天賦之性。完全這樣做，就是盡性之人，就可以「知之無不明而處之無不當也」（《中庸章句》第二十二章），成為與天、地並立的聖人。

　　《中庸》又指出：「誠者，天之道也；誠之者，人之道也。誠者不勉而中，不思而得，從容中道，聖人也。誠之者，擇善而固執之者也。」朱熹將其中的「誠者」解釋為「真實無妄之謂，天理之本然也」，將「誠之者」解釋為「未能真實無妄而欲其真實無妄之謂，人事之當然也」。朱熹接

著解釋說：「聖人之德，渾然天理，真實無妄，不待思勉而從容中道，則亦天之道也。未至於聖，則不能無人欲之私，而其為德不能皆實。故未能不思而得，則必擇善，然後可以明善；未能不勉而中，則必固執，然後可以誠身，此則所謂人之道也。」(《中庸章句》第二十章) 這是說，聖人是天下至誠之人，所以能盡其性；他人則需要先透過學習弄明白至善的道理，然後擇善並堅持下去，才能達到誠，才能盡人之性。

道統

　　在儒學的發展進程中，道統被賦予了三層含義：一是對道的正確認知，二是自覺的弘道意識，三是對知道與傳道的先賢的認同意識。

　　道統說濫觴於孟子。在《孟子·盡心下》裡，孟子仿效孔子「祖述堯舜，憲章文武」的做法，梳理了之前知道的先賢，包括堯、舜、禹、皋陶、湯、文王、伊尹、萊朱、孔子等人，並認為自己是繼孔子之後的知道者。中唐韓愈為了駁斥當時流行的佛、老學說，在〈原道〉中指出，道是由堯傳授給舜，舜傳授給禹，禹傳授給湯，湯傳授給周文王、周武王、周公，周文王、周武王、周公傳授給孔子，孔子傳授給孟子。孟子死後，道就失去了傳承。北宋程顥提出了「天

理」說，被當時的學者尊稱為「明道先生」。程頤認為程顥是孟子之後接續道統的人，他在〈明道先生墓表〉中說：「先生生乎千四百年之後，得不傳之學於遺經，以興起斯文為己任，辨異端，闢邪說，使聖人之道煥然復明於世，蓋自孟子之後，一人而已。」

　　在繼承前人觀點的基礎上，朱熹對道統做出了更為精細也更加嚴謹的闡述。他在〈中庸章句序〉裡指出，道統之傳承是從堯、舜、禹開始的，後來做君王的商湯、周文王、周武王，做臣子的皋陶、伊尹、傅說、周公、召公等，都是接續道統的人。孔子「則雖不得其位，而所以繼往聖、開來學，其功反有賢於堯舜者」。孔子之後，又有顏回、曾子、子思、孟子傳承道統。在其後的歲月裡，「異端之說日新月盛，以至於老、佛之徒出，則彌近理而大亂真矣」。這種亂象持續到北宋。後來，「程夫子兄弟者出，得有所考，以續夫千載不傳之緒」。

　　朱熹梳理道統的目的有二，一是確立儒家正統思想的歷史譜系，二是用「道」與「理」來指導與規範當時的政治。朱熹本人也有自覺的繼承道統的意識。他在〈滄州精舍告先聖文〉裡說：「熹以凡陋，少蒙義方，中靡常師，晚逢有道。」認為自己最終遇到了有道之君子。他的門人黃榦這樣評價他：「道之正統待人而後傳，自周以來，任傳道之責者

不過數人，而能使斯道章章較著者，一二人而止耳。由孔子
而後，曾子、子思繼其微，至孟子而始著。由孟子而後，
周、程、張子繼其絕，至熹而始著。」（《宋史·朱熹傳》）
這段話指出了朱熹在儒家道統譜系上的地位。

第九章　朱熹

第十章　王守仁

王守仁其人

王守仁（一四七二年～一五二九年），明代哲學家、教育家。字伯安，餘姚（今屬浙江）人。青年時，他隨父親遷家至山陰（今浙江紹興）。他在距離山陰不遠的陽明洞結廬，世稱陽明先生，後人習慣稱其為王陽明。

王守仁像

　　王守仁出身於一個顯赫的家庭，父親王華中過狀元，官至南京吏部尚書。王守仁志存高遠，十七歲時就下定決心做聖賢。在結婚的當日，他跑進道觀，和道士聊天打坐，差點忘了結婚的事情。十八歲時，他遇到了一個書生，書生建議他「格物致知」，思考「物有表裡精粗，一草一木皆具至理」的學說，於是他下決心先窮竹之理。結果，他「格」了三天三夜的竹子，什麼都沒有發現，人卻病倒了，這就是中國哲學史上著名的「守仁格竹」的故事。從此，王守仁對「格物」說產生了極大的懷疑。

　　二十歲時，王守仁第一次參加鄉試就中了舉人，然而，他後來考取進士的道路並不平坦。二十八歲時，他終於考中進士，授刑部主事，後改在兵部任職。正德元年（一五〇六年）冬，王守仁因上疏救御史戴銑，觸怒宦官劉瑾，被杖

四十，貶至貴州龍場當驛站驛丞。

　　貴州龍場在當時屬於未開化的地區，但王守仁沒有氣餒。他按照風俗教導當地人，受到民眾愛戴。在這困頓的時期，他對「理」的追求愈加用心。一個夜晚，他突然醒悟：天地聖賢之道並非存在於萬物中，而是存在於人的心中。他在這一時期寫了〈教條示龍場諸生〉，了解到「聖人之道，吾性自足，向之求理於事物者誤也」，史稱「龍場悟道」。

　　正德五年（一五一○年），王守仁謫戍期滿，復官廬陵（今江西吉安）知縣，同年被召入京。正德十一年（一五一六年），由於兵部尚書王瓊的賞識，王守仁被擢為都察院左僉都御史。正德十二年（一五一七年），王守仁到達江西，履行巡撫職責，利用計謀制服了當地頗為猖獗的土匪。正德十四年（一五一九年）夏，寧王朱宸濠在江西發動叛亂，領十萬大軍，東下南京，聲勢浩大，震動朝野。王守仁在敵我強弱懸殊的情況下，以非凡的謀略和卓越的膽識，僅三十五天就生俘朱宸濠，將這場大叛亂徹底平定。因平定叛亂有功，王守仁升任南京兵部尚書，被封為新建伯。嘉靖六年（一五二七年），王守仁受命兼任都察院左都御史，總督兩廣兼巡撫，在平息暴動的途中染病，死於江西南安。

　　時人說王守仁「才兼文武」，有「奇智大勇」。的確，他不僅在中國思想史、教育史上占有重要地位，而且在政

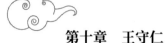

治、軍事領域功績也十分突出。在「百死千難」的政治危機中，他堅守自己的良知，表現出極大的勇氣。無論是居家休養還是戎馬倥傯，他都廣收弟子，因材施教，宣傳「心學」。他的學說影響了整個明中後期思想的發展。他是明代最具影響力的哲學家，也是明代「心學」的代表人物。

《傳習錄》

王守仁的學生徐愛自正德七年（一五一二年）開始，陸續記錄下王守仁論學的談話，取名《傳習錄》。正德十三年（一五一八年），另一學生薛侃將徐愛所錄殘稿及陸澄與他新錄的部分一起出版，仍名為《傳習錄》。嘉靖三年（一五二四年），南大吉增收王守仁論學書信若干篇，以原名出版。嘉靖三十三年（一五五四年），王守仁的學生錢德洪將陳九川等人所錄的《遺言錄》加以刪削，與他和王畿所錄編成《傳習續錄》出版。嘉靖三十五年（一五五六年），錢德洪又增收黃直所錄再版。隆慶六年（一五七二年），謝廷傑在浙江出版《王文成公全書》，其中的《傳習錄》，是以薛侃所編《傳習錄》為上卷，以錢德洪增刪南大吉所編書信部分的八篇為中卷，以《傳習續錄》為下卷，附加收錄王守仁所編《朱子晚年定論》，這就是我們現在所看到的《傳習錄》的通行本。

《傳習錄》

《傳習錄》是王守仁的語錄和論學書信集，包含了王守仁的主要哲學思想，也體現了他辯證的授課方法以及生動活潑、善於用譬、常帶機鋒的語言藝術，是研究王守仁思想及心學發展的重要資料。

該書上卷經王守仁本人審閱，闡述了知行合一、心即理、心外無理、心外無物、意之所在便是物、格物是誠意等觀點，強調聖人之學為身心之學，要領在於體悟實行，切不可把它當作純知識，僅講論於口耳之間。中卷裡的八篇書信出自王守仁親筆，回答了關於知行合一、格物說的問題，談了王學的根本內容、意義與創立王學的良苦用心；在講解「致良知」大意的同時，解釋了王學宗旨，回答了關於本體的質疑。下卷雖未經本人審閱，但的確是王守仁晚年的主要思想，主要內容是「致良知」，提出「本體功夫合一」「滿街都是聖人」等觀點，尤其引人注目的是「四句教」，它使王學體系逐漸齊備起來。

《大學問》

《大學問》是王守仁的綱領性哲學著作，被其弟子視為儒家聖人之學的入門教科書。

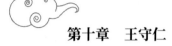

第十章　王守仁

《大學》是道學所依據的經典。王守仁對《大學》做了進一步的研究，並將其研究成果寫成一部書，作為他的哲學體系在經典上的理論依據，這就是《大學問》。

《大學》提出了「三綱領」，即「明明德」、「親民」與「止於至善」，其中最核心的就是「明明德」，因為「至善」是「明明德」、「親民」的極致，「親民」也是為了「明明德」。《大學問》採用問答體的形式，闡述了王守仁對《大學》「三綱領」的理解。

王守仁認為，明明德（彰顯與生俱來的光明德性）是要倡立天地萬物一體的本體，親民（愛護民眾）是天地萬物一體原則的自然運用。所以明明德必然體現在親民上，而親民才能彰顯明德。至善的顯現，就是明德的本體，也就是我們所說的良知。至善的顯現，表現為能肯定對的、否定錯的，厚薄有度。

對於「格物致知」，王守仁提出：「知」是人心本來就有的，而不是認知了外物才有的。不欺騙自己的良知，意念就是真實的。然而要想達到良知自然呈現的狀態，就要在「格物」上下功夫。他認為，「意之本體便是知，意之所在便是物」。「格」是正的意思，即「去其心之不正，以全其本體之正」。

▍「心外無理」與「心外無物」

陸九淵提出「心即理也」，以及「宇宙即是吾心，吾心即是宇宙」的理論，但是這個理論比較粗糙。王守仁發展了陸九淵的這些思想，提出了「心外無物，心外無事，心外無理」的心學原則，比較系統又有所創新。

「心外無物」是說心與物同體，物不能離開心而存在，心也不能離開物而存在。心是天地萬物的主宰，客觀的事物沒有被心知覺，就處於虛寂的狀態。「心外無理」是說，心的本體就是天理，事雖萬殊，理具於心；不必在事事物物上求理，在心外求理，心與理就會分離。

「心」即本心，是能使人「視聽言動」的心，是精神，是意識，是身體的主宰。王守仁認為，心靈回到主宰的本位，本心就會按照本來的樣子去顯現。「理」就是道，是宇宙的最高真理。宇宙的最高真理與我們的心本來就是一樣的。

王守仁認為，事物的規律離不開認知的主體「心」，不能離開認知的主體去尋求事物的規律。比如孝之理，是在父母的身上，還是在我們的心裡呢？如果在父母身上，那麼父母去世之後，我們的心就沒有孝之理了嗎？

「心外無物」就是說「意之所在便是物」。如意在於事親事君，「事親事君」便是一物；意在於看花，「看花」便是

一物。「物」不一定是客觀的、外在的、現成的，王守仁所強調的是意向行為本身。這樣，「有是意即有是物，無是意即無是物」，所以說「心外無物」。

王守仁曾與朋友在山中遊玩。朋友指著山中的花問道：「花樹在深山中自開自落，與我們的心何干呢？」王守仁答道：「你未看到此花時，此花與你的心同歸於寂；你看到此花時，花的顏色就明白起來。由此可知，花的顏色不在你的心外。」山中之花即使無人觀賞，也會自開自落，其開落不以人之意為轉移。只是未看花時，意未在，花是「寂」的存在的狀態；來看花時，意在於花，花就明白起來。意在於花，即「看花」為一物。未看花時，於花，「看花」之物就不在；來看花時，意在花上，「看花」之物才能成立。所以說，這一物（看花）不在心外，即不能脫離主體的參與。

其實這段話說的也是事物不同的存在狀態。一個新景點、一位新朋友，在進入我們的意識之前，肯定也是存在的，但是對我們來說，它或他的狀態就是「寂」的。一旦我們知道了這個景點、認識了這位朋友，它或他在我們的心中才明白起來。

「天沒有我的靈明，誰去仰他高？地沒有我的靈明，誰去俯他深？鬼神沒有我的靈明，誰去辯他吉凶災祥？天地鬼神萬物離卻我的靈明，便沒有天地鬼神萬物了⋯⋯今看死的

人，他這些精靈游散了，他的天地萬物尚在何處？」（《傳習錄》）在這段話中，王守仁討論和關注的是與主體活動相關的意義世界。這裡王守仁不是說沒有人的意識，天地萬物便不復存在，而只是問「死的人」（無意識的人）的「天地萬物尚在何處」。「他的天地萬物」就是在他的經驗範圍內形成的「生活世界」，這個世界離開了「他」的意識，就不成其為「他」的世界了。

王守仁的這些言論，其實都是為了論證「心即理」、「格物不可離心」這一心學的基本立場，這是他整個心學的邏輯出發點。

▌「致良知」與「知行合一」

王守仁的「致良知」學說是自孟子以來性善論發展的成熟形態。在《大學問》一書中，王守仁對「良知」和「致良知」做了詳盡的分析與解釋：「良知者，孟子所謂『是非之心，人皆有之』者也。是非之心，不待慮而知，不待學而能，是故謂之良知。是乃天命之性，吾心之本體，自然靈昭明覺者也。……然欲致其良知，亦豈影響恍惚而懸空無實之謂乎？是必實有其事矣。故致知必在於格物。」

良知是是非之心，是理性之本；良知是人的自我建立的過程，也是存在之本；良知是知善惡的，所以還是道德之

本。王守仁所提的良知至少有三層含義：理性標準、存在自身和道德主體。一件事情，我們從良知出發，才能判斷它到底是正確的還是錯誤的，是善良的還是邪惡的。人身為良知的主體，只有不斷地反思和學習，才能建立起個體的自覺，才能把善、仁這些良知充分彰顯。一個人要想在社會上表達自己的存在，就要建立良好的道德品質，讓自己的所作所為符合良知、合乎天道。

所以說，良知是一個人內心的光明和良善，是心的本質；良知人人具有，個個自足；良知就是天理，一切事物及其規律都包括在良知裡。「格物」不是考察客觀的事物，而是改正自己不恰當的觀念。透過「格物」到達本心的良知，就是「致良知」，也就是「格物致知」。

王守仁認為，格物便是「正心」。心是本體，純善無惡；意念、意識是現象，有善有惡。「凡應物起念處，皆謂之意。意則有是有非，能知得意之是與非者，則謂之良知。」（〈答魏師說書〉）「如今要正心，本體上如何用得功？必就心之發動處才可著力也。心之發動不能無不善，故須就此處著力，便是在誠意。」（《傳習錄》）所以，發自心的一切活動，都是「意」。「物」是「意」的對象，反映來自心的活動的影響。所以，修養身心需要從「格物」上下手，以良知為標準來檢點體現於「物」或「事」中的人心。所以，「正

心」不只是「格物」的目的所在，也是「格物」的方法和實質所在。

「致良知」就要「向裡尋求」、「從自己心上體認」（《傳習錄》）。依據王守仁的理解，就本性而言，人人都是聖人，但實際上大多數人成不了聖人，這是因為他們受到私慾的矇蔽。一個人要想成為聖人，就要遵從良知的指引去實踐，即「致良知」。「致良知」的途徑就是反思。做一件好事，不是為了受到誇讚，而是出於本心，這就是良知的真實體現。這時真實的自我會毫無遮掩地展現出來，充分體現自我的主體性。在日常生活中，我們會受世俗的誘惑，被好吃的、好喝的、好看的所迷惑，可能會在追逐中墮落，所以需要時常反思，把良知找回來，讓生命回歸本真的狀態。

「致」本身是兼知兼行的過程，也就是知行合一的過程。「致良知」，就是在實際行動中實現良知。

王守仁反對程朱學派的知先行後論，強調知與行不可分離。「知是行的主意，行是知的功夫；知是行之始，行是知之成。若會得時，只說一個知，已自有行在；只說一個行，已自有知在。」（《傳習錄》）知是行的主導，行是知的體現；知是行的開端，行是知的完成。知中含行，行中含知，二者互相交融，不可分離。比如學孝必須侍奉父母，學射必須拉弓放箭，學寫字必須動手去寫，離開這些活動就不能稱

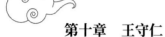

之為學孝、學射、學寫字。知與行是一件事的兩個方面，它們相互交融，形成一個過程，覺悟理解的方面為知，切實用力的方面叫行，即「知之真切篤實處即是行，行之明覺精察處即是知，知行工夫本不可離」（《傳習錄》）。

王守仁的「知行合一」論與「心即理」、「心外無物」的觀點是一個體系。他說：「外心以求理，此知行之所以二也；求理於吾心，此聖門知行合一之教。」（《傳習錄》）「知行合一」就是「求理於吾心」，就是「致良知」，「良知」是知，「致」的過程和功夫就是行。

「四句理」與「四句教」

「身之主宰便是心，心之所發便是意，意之本體便是知，意之所在便是物。」（《傳習錄》）這四句話被有些學者稱為「四句理」（陳來《理解與詮釋》），以區分王守仁晚年提出的「無善無惡心之體，有善有惡意之動，知善知惡是良知，為善去惡是格物」的「四句教」。

「四句理」把心、意、知、物作為一個縱向聯結的結構加以界說。心 ── 意 ── 知 ── 物的次序來自《大學》提出的「正心」、「誠意」、「致知」、「格物」。「四句理」把《大學》中作為功夫條目的正心、誠意、致知、格物還原到心、意、知、物的基本概念層次上。「四句教」也是以

《大學》的心、意、知、物的結構為基礎，兼論功夫。所以「四句理」其實是「四句教」的基礎。

「四句理」的後兩句代表了王守仁哲學的睿識，其中與心和物有直接關係，而且最能代表陽明思想特色的，就是「意之所在便是物」。王守仁晚年在《大學問》一書中，仍然堅持「致知必在於格物。物者，事也，凡意之所發，必有其事，意所在之事謂之物」。

作為意之所在的「物」，既包括意所指向的實在之物或意識已投入其中的現實活動，也包括意識之中的對象。「意之所在便是物」正是王守仁「心外無物」思想的具體內涵。

「四句教」是王守仁思想的高度概括和總結。嘉靖六年（一五二七年），王守仁奉命出征廣西之前，在天泉橋邊與他的學生錢德洪、王畿商討心學四訣。錢、王兩人都是王守仁的嫡傳弟子，但是對如何理解王守仁的這四句話，兩個弟子發生了分歧。錢德洪認為「四句教」是教人的定本，其宗旨不能改變。王畿則認為這只是權宜之法，因為若心是無善無惡的心，那麼意、知與物也都是無善無惡的了，所以王畿後來提出了「四無」說。

在與老師分別時，兩人在天泉橋邊向王守仁請教。王守仁解釋，「無善無惡心之體，有善有惡意之動，知善知惡是良知，為善去惡是格物」這「四句教」，對不同的人要有不

同的教法。人有兩種，一種是利根人，比如聖人，比如活佛；一種是鈍根人，即普通人。對利根人來說，悟本體即是功夫；對鈍根人來說，還是要不斷修行，為善去惡。王守仁希望兩個弟子不要在這個問題上爭論，但是後來兩個人還是各講各的，也就造成了心學的分化。黃宗羲說錢德洪遵循王學宗旨，但是也限制了王守仁學說的發展；王學因為王畿與王艮兩個人風行天下，卻也漸漸失去了根本。

在王守仁的晚期思想中，人的意識結構中最重要的兩部分，就是良知與意念。意念包括思維與情感，有是非，有善惡；良知則是人的更深一層的自我，又表現為判斷意念善惡的能力。良知雖能判斷是非善惡，但不能保證不善的意念不產生，也不能保證人們只遵從良知的呼喚和指引。

為什麼說「無善無惡心之體」呢？因為這是良知本體自我存在的狀態，這時候還沒有任何經驗性的東西。因為無善無惡，所以才能區分善惡。王守仁曾經舉過兩個例子：眼睛本來沒有顏色，所以才能分辨各種顏色；鏡子裡原無一物，所以才能準確地照出人和事物本來的樣子。金玉好，灰塵不好，但是進了眼睛都不行，所以善惡都不能進入心的本體。

「有善有惡意之動」在說「意」的作用。王守仁認為「意為心之動」，心動了，脫離了寂的狀態，就進入了經驗狀態。良知最終是透過經驗社會來表達的，有物的牽扯，良知

就動 —— 動得正，善得以保持；動偏了，就是惡。

為什麼說「知善知惡是良知」呢？因為良知是自知、自明的，所以能明他物，自然就具有對善惡的判斷能力。人做什麼判斷、做出什麼行為的時候，良知立刻就能感覺出來。

「為善去惡是格物」是說，當良知判斷出一個人當前的心理和行動狀態是善是惡的時候，就要明明白白聽從良知的召喚，不折不扣地執行。善的就去做，惡的就放棄，不能因為善小而不為，更不能因為惡小而為之。

王守仁認為，心的本體晶瑩純潔、無善無惡，但意念一經產生，善惡也隨之而來。區分善惡的能力，就是「良知」。「格物」在這裡就是指「為善去惡」。所以，王守仁指出，即使是普通人，只要有一念向善，心存良知，也能成為聖賢。

「心物同體」與「萬物一體」

「萬物一體」說到底，是「心物同體」的一種擴大與延伸，而「心物同體」的哲學來源正是王守仁提出的「心外無物」。

王守仁曾經與弟子討論過「同體」、「靈明」的問題。「問：『人心與物同體，如吾身原是血氣流通的，所以謂之同體。若於人便異體了。禽獸草木益遠矣，而何謂之同體？』

先生曰：『你只在感應之幾上看，豈但禽獸草木，雖天地也與我同體的，鬼神也與我同體的。』請問。先生曰：『你看這個天地中間，甚麼是天地的心？』對曰：『嘗聞人是天地的心。』曰：『人又甚麼教做心？』對曰：『只是一個靈明。』（曰：）『可知充天塞地中間，只有這個靈明……天地鬼神萬物，離卻我的靈明，便沒有天地鬼神萬物了。我的靈明，離卻天地鬼神萬物，亦沒有我的靈明。如此，便是一氣流通的，如何與他間隔得？』」（《傳習錄》）

王守仁認為，之所以說「我」與「天地」、「鬼神」等「萬物一體」，就是因為人與天地萬物是「一氣流通」的存在。人與天地萬物共有此氣，共生共存，稟受天地之靈氣（天理、良知），自覺地感受到天地賦予的使命。

王守仁說：「天沒有我的靈明，誰去仰他高？地沒有我的靈明，誰去俯他深？鬼神沒有我的靈明，誰去辯他吉凶災祥？」弟子問：「天地鬼神萬物，千古見在，何沒了我的靈明，便俱無了？」王守仁答曰：「今看死的人，他這些精靈游散了，他的天地萬物尚在何處？」（《傳習錄》）

天地萬物在最聰慧的人的靈明（精神）的朗照下才得以呈現。所以說，如果沒有人的靈明，就無所謂天，無所謂地，無所謂鬼神，無所謂萬物。人的靈明顯現，天地萬物的靈光才得以呈現，天地的良知由人而得到了自覺。人因此也

被賦予一種使命和責任，必須不斷地擴充那個「我」，從軀殼的「我」到真實的「我」，再到萬物一體的「我」。這個「我」與天地萬物渾然一體，從而實現生命的圓滿。

王守仁回答弟子的這幾段話，都在強調人的主觀能動性，訴說人的體驗性的活動。人是天地的心，是宇宙的精華，而心是人身體的精華，又是人體活動的主宰。如果說整個天地可以看作一個大身體，人類的精神便是這個大身體的心，所以說「心物同體」、「萬物一體」。人心既然是靈明，又是宇宙間唯一的靈明，這個靈明也就可以看作整個宇宙之心。

王守仁的弟子朱本思問他：「人有虛靈，方有良知，若草木瓦石之類，亦有良知否？」王守仁答曰：「人的良知就是草木瓦石的良知。若草木瓦石無人的良知，不可以為草木瓦石矣。豈唯草木瓦石為然，天地無人的良知，亦不可為天地矣。蓋天地萬物與人原是一體，其發竅之最精處，是人心一點靈明，風雨露雷、日月星辰、禽獸草木、山川木石，與人原只一體。」（《傳習錄》）

在這裡，王守仁明確提出「天地萬物與人原是一體」的觀點。天地萬物與人的這種一體性是有機的，沒有人或人的良知，就破壞了原本的有機一體性的天地萬物，也就不再是原來意義上的天地萬物了。這裡的良知，自然指的是人類的

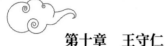

意識與精神，物則是指世間存在的萬物。良知在人那裡得到
自覺的表達，然後層層外推（致良知），潤澤天地萬物。了
解萬事萬物，追求至善真理，對待別人和世間萬物就會有包
容的心態，也就有助於構建人與自然和諧、與人為善的理想
社會狀態。

　　可以說，王守仁的「萬物一體」學說是天人一體的生命
境界，是圓融無礙的生命哲學。

第十一章　顧炎武

▍顧炎武其人

顧炎武（一六一三年～一六八二年），原名絳，字寧人，世稱亭林先生。江蘇崑山人。明末清初思想家，與黃宗羲、王夫之並稱為「清初三大儒」。

顧炎武是顧同應的次子，生母是何氏，後過繼給去世的堂伯顧同吉，嗣母為王氏。

顧炎武像

王氏喜讀史書。顧炎武年幼時，王氏親自教他讀書，經常講劉基、方孝孺、于謙等傑出人物的事跡，給他的成長帶來很大影響。顧炎武十四歲考中秀才，並與同窗好友歸莊共同加入復社。二人都唾棄流俗、特立獨行，被同鄉文人視為異端，遂有「歸奇顧怪」之稱。

顧炎武的青少年時代，明朝的統治風雨飄搖，這使他很早就關注國家命運，意欲透過對社會實際問題的研究來挽救國家危亡。顧炎武在鄉試中屢屢失敗，於是在二十七歲時斷然放棄科舉，開始閱覽歷代史乘、郡縣誌以及文集、章奏等，輯錄其中有關農田、水利、礦產、交通、地理沿革的材料，撰寫了《天下郡國利病書》和《肇域志》。

崇禎十七年（一六四四年）清軍攻破北京後，福王朱由崧即位於南京，是為弘光帝。顧炎武被推薦為兵部司務。他

隨即去往南京赴任，並隨身攜帶了幾篇談論復興大計的文章——〈軍制論〉、〈形勢論〉、〈田功論〉、〈錢法論〉，從軍事策略、兵力來源和財政整頓等方面提出一系列建議。他還未到任，南京即被清軍攻占，弘光帝被俘。清軍鐵騎又指向蘇杭。這時，江南各地抗清義軍蜂起，顧炎武和歸莊、吳其沆參加了義軍。各路義軍合謀，擬先收復蘇州，再取杭州、南京。可惜義軍勢弱，難敵氣焰正熾的清軍，在蘇州城遭遇伏擊而潰散。

顧炎武潛回崑山，又與楊永言、歸莊等守城拒敵。數日後崑山失守，死難者多達四萬。吳其沆戰死，顧炎武生母何氏右臂被清兵砍斷，兩個弟弟被殺，顧炎武在城破前僥倖逃出。不久，常熟陷落，顧炎武的嗣母王氏絕食殉國，臨終前囑咐兒子說：「你如果不辜負世代國恩，不做異國臣子，我就可以安息了。」母親的話使顧炎武深受觸動，決心抗清到底。

順治二年（一六四五年），唐王朱聿鍵在福州稱帝，年號隆武。經人推薦，顧炎武被遙授為兵部職方司主事。由於嗣母新喪，他一時難以赴任。順治四年（一六四七年），南明兵科給事中陳子龍、前延安府推官顧咸正、兵部主事楊廷樞等暗中策動清蘇松提督吳勝兆起兵反清，顧炎武也參與了此事。後來事情敗露，清廷殺害了吳勝兆並大肆搜捕同案

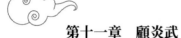

諸人。陳子龍被捕後投水自盡，楊廷樞及顧咸正父子先後遇害，受此案株連而死者四十餘人。

顧炎武逃過此劫後，依然奔走於各股抗清力量之間，糾合各地義軍伺機而動。然而南明各政權先後瓦解，他親身參與的抗清活動也一再受挫。顧炎武並未因此頹喪，而是以填海的精衛自比，誓要「長將一寸身，銜木到終古」（〈精衛〉），抗清直到生命最後一刻。

從順治十四年（一六五七年）起，顧炎武開始了長達二十五年的旅居生活。他的足跡遍及山東、河北、山西、陝西等地，了解各地風土人情，尤致力於邊防和西北地理的研究，並糾合約道，不忘興復。他外出遊歷時，都要用馬和騾子載書隨行。到了要塞，他就向老兵詢問此地的詳細情況。若當下所聞與以往了解的不一樣，就在客店中查閱書籍進行核對。有時走過曠野，沒什麼值得留意的，他就在馬背上默誦各種經典及註釋，偶有忘記的，就在客店中打開書查對。

康熙七年（一六六八年），顧炎武因山東黃培詩案入獄，幸得友人李因篤等營救出獄。康熙十年（一六七一年），顧炎武遊京師，住在外甥徐乾學家中。清朝重臣熊賜履邀他修《明史》，被他拒絕。康熙十七年（一六七八年），康熙帝開博學鴻儒科，招明朝遺民，顧炎武拒絕了葉方藹的推薦。康熙十八年（一六七九年），清廷開明史館，

顧炎武斷然回拒了熊賜履的推薦。康熙二十一年（一六八二年），顧炎武因上馬時不慎失足，匆匆告別人世，享年七十歲。

顧炎武一生顛沛流離，但從未停止過學術研究。他對國家典制、郡邑掌故、天文儀象、河漕、兵、農及經史百家、音韻訓詁之學，都有深入研究。他倡導復興經學，且在經學研究中多有創獲。他把考據與義理結合起來，歸於通經致用，一掃心學末流空談心性之弊，開創了清代務實的學風，被譽為清代的「開國儒宗」。他時刻銘記士人所應承擔的歷史使命，並用一生來踐行自己的人格高標。他提出的「保天下者，匹夫之賤，與有責焉耳矣」（《日知錄‧正始》），被梁啟超引為「天下興亡，匹夫有責」的名言，成為激勵中華民族奮進的精神力量。

《日知錄》其書

顧炎武的主要作品有《日知錄》、《天下郡國利病書》、《肇域志》、《音學五書》、《韻補正》、《金石文字記》、《亭林詩文集》等。其中，他最為看重的是《日知錄》和《音學五書》。這裡著重介紹一下《日知錄》。

《日知錄》三十二卷，是顧炎武積三十多年心力撰成的大型的學術札記，是他「稽古有得，隨時札記，久而類次成書」

（潘耒〈日知錄序〉）。他在〈與友人論門人書〉中說「平生之志與業，皆在其中」，可見他對這部書的重視。

《日知錄》

《日知錄》書名取自《論語·子張》中的「日知其所亡，月無忘其所能，可謂好學也已矣」，意思是每天能學到一些自己所沒有的知識，每月不忘記自己已掌握的能力，這樣就可以說是好學了。

撰寫《日知錄》的目的，顧炎武說：「意在撥亂滌汙，法古用夏，啟多聞於來學，待一治於後王。」（《亭林文集》卷六〈與楊雪臣書〉）「有王者起，將以見諸行事，以躋斯世於治古之隆。」（《亭林文集》卷四〈與人書二十五〉）也就是以明道、救世為宗旨，意在經世致用，以期有益於後世。

顧炎武把該書的內容大體分為三類：上篇經術，中篇治道，下篇博聞。三類中又以治道即經世致用之道為核心。《四庫全書總目提要》則將全書細分作十五類，即經義、政事、世風、禮制、科舉、藝文、名義、古事真妄、史法、注書、雜事、兵及外國事、天象術數、地理、雜考證。《日知錄》三十二卷本有條目千餘條，長短不拘，最長者〈蘇淞二府田賦之重〉有五千多字；最短者〈召殺〉僅有九字。

《日知錄》具有很高的學術價值，《四庫全書總目提要》說：「炎武學有本原，博贍而能通貫，每一事必詳其始末，

參以證佐而後筆之於書。故引據浩繁，而牴牾者少。」這是
非常精準的評價。《日知錄》的影響，確如潘耒在《〈日知
錄序〉中所說：「先生非一世之人，此書非一世之書也。」
《日知錄》不僅為後世諸學術領域提供了豐富的資料和嶄新
的觀點，而且它所採取的治學方法，對糾正明末空疏學風和
開創有清一代新學風有著了關鍵作用。

▌「經學即理學」 —— 倡導復興經學

　　陽明心學是明代學術發展的一個高峰，此後，在王學後
人手中，心學空言心性的流弊越來越突出，逐漸遭到有識之
士的批判。明清換代之際，天崩地裂的現實強烈地刺激了有
責任感的知識分子。他們對明朝的政治、經濟、思想、學術
等方面進行了一系列的反思，形成了一股經世致用的務實
思潮。學術界痛斥心學末流的空疏學風，主張由王學返歸朱
學，進而對整個宋明理學進行反思。在這一務實思潮中，顧
炎武率先提倡復歸經學。

　　顧炎武認為，心學空談與魏晉清談相類似，它不研究實
際學問，於國於民無益。他說：「劉石亂華，本於清談之流
禍，人人知之。孰知今日之清談，有甚於前代者。昔之清談
談老莊，今之清談談孔孟，未得其精而已遺其粗，未究其本
而先辭其末。不習六藝之文，不考百王之典，不綜當代之

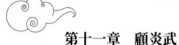

務，舉夫子論學論政之大端，一切不問，而曰『一貫』，曰『無言』。以明心見性之空言，代修己治人之實學。股肱惰而萬事荒，爪牙亡而四國亂，神州蕩覆，宗社丘墟。」（《日知錄》卷七〈夫子之言性與天道〉）顧炎武認為，劉淵、石勒所造成的五胡亂華，其根本原因在於魏晉文人的清談。他把明末心學空談與魏晉玄學清談相比照，告誡人們切勿空談誤國。

　　在批判理學末流之空疏的基礎上，顧炎武提出「古之所謂理學，經學也」、「今之所謂理學，禪學也」（《亭林文集》卷三〈與施愚山書〉）的觀點。在他看來，從嚴格意義上來說，古代只有經學，沒有所謂的理學；宋代以後出現了理學，然而這種理學並沒有理學之實，因為它受道教、佛教思想的影響，已經成為禪宗化的空虛之學。古代的經學其實是真正意義上的理學，而現在流行的所謂理學徒有其名，由於摻雜了太多玄虛的東西，實際上是禪學。

　　顧炎武提出「經學即理學」的主張，意在剝離宋明理學中的禪學，復興古代的經學。他認為經學才是儒家的本源，學者要以研究古經為根柢，不必到宋明理學家的語錄中討生活。這一主張在清代學術史上具有重要意義，梁啟超指出：「『經學即理學』一語，則炎武所創學派之新旗幟也。」（《清代學術概論》）

「明道」與「救世」── 通經致用的學術宗旨

顧炎武說：「孔子之刪述六經，即伊尹、太公救民於水火之心。」（《亭林文集》卷四〈與人書三〉）這是說，孔子整理、刪定儒家經典這些致用之書，顯示了他救民於水火之心。他認為，儒學從根本上說是經世致用的，學者研究學問也應以通經致用為宗旨：「君子之為學，以明道也，以救世也。徒以詩文而已，所謂雕蟲篆刻，亦何益哉？」（〈亭林文集〉卷四與人書二十五》）研究學問是為了明道、救世，如果只作詩文自娛，即使作得精美，也只是雕蟲小技，於世無益。

顧炎武主張學有用之學，批評宋明理學的空疏，認為宋儒只重義理而忽視訓詁，不講求實際的學問而轉求內在的心性，從而導致學風虛妄，這顯然違背了儒家的治學宗旨。他指出做學問要孜孜不倦、毫不懈怠，同時要多出門看看，多與人交流。他認為，「獨學無友，則孤陋而難成。久處一方，則習染而不自覺」（《亭林文集》卷四〈與人書一〉）。既不與人交流，也不出門長見識，只是悶在家裡苦學，這樣不可能經世濟民。他反對利祿之學，認為科舉取士使得天下文人皆誦章句，使經學淪為謀取功名的工具。他認為，文人的學術研究應以天下國家為念，承擔起歷史重任。

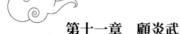

第十一章　顧炎武

顧炎武治經，採取「信古而闕疑」的原則，認為「五經得於秦火之餘，其中固不能無錯誤。學者不幸而生乎二千餘載之後，信古而闕疑，乃其分也」（《日知錄》）。因此，他對於諸經傳注、歷代經說，無不詳加校理考訂。例如對於《尚書》，他認同孟子「盡信書，則不如無書」的觀點，主張根據史實進行認真的考察，不可輕信，不能盲從。他對《尚書》所作的考證和辨偽，對於揭開《偽古文尚書》的作偽之迷，啟示乾嘉學者的考據辨偽學風，具有重要意義。除了《尚書》，他對《易》、《詩》、《禮》、《春秋》諸經也都有考辨校訂。

在對經義的闡發中，他提出了治學、修養、哲學、政治等方面的一系列主張，詳見下文。

▎「博學於文」「行己有恥」的立身處世原則

「博學於文」和「行己有恥」，分別出自《論語》中的〈顏淵〉和〈子路〉，顧炎武將二者結合起來，作為立身處世的最高標準。他說：「愚所謂聖人之道者如之何？曰『博學於文』，曰『行己有恥』。自一身以至於天下國家，皆學之事也；自子臣弟友以至出入往來、辭受取與之間，皆有恥之事也。恥之於人大矣！不恥惡衣惡食，而恥匹夫匹婦之不被其澤。」（《亭林文集》卷三〈與友人論學書〉）

「博學於文」「行己有恥」的立身處世原則

「行己有恥」，即用廉恥之心來約束自己的言行。顧炎武把怎樣做兒子、臣子、兄弟、朋友，怎樣處理拒絕與接受、取得與付出等事情，都看成是「行己有恥」所涉及的範圍。從消極方面講，「行己有恥」是對不合理的事有所不為，如恥於作八股、恥於空談性理；從積極方面說，是以天下大事為己任，對國家、民族有所擔當。顧炎武提倡「行己有恥」，一方面與倡導日常生活中的道德感有關；另一方面，在明清鼎革之際，一些文人士大夫喪失了民族氣節，顧炎武提出要有恥辱感，其實是對民族氣節的提倡。

「博學於文」的「文」，是指經世致用的有益的學問。顧炎武說：「文之不可絕於天地間者，日明道也，紀政事也，察民隱也，樂道人之善也。若此者，有益於天下，有益於將來，多一篇，多一篇之益矣。若夫怪力亂神之事，無稽之言，剿襲之說，諛佞之文，若此者，有損於己，無益於人，多一篇，多一篇之損矣。」（《日知錄》）他認為，「文」應該用於表述理想、反映現實、了解民情、教育民眾，總之，要有益於天下。「文」是和天下國家之事相連的，因而也就不僅僅限於書本知識，還包括廣聞博見和考察審問得來的社會實際知識。關心天下之大事，注重經世致用之實學，這就是顧炎武「博學於文」的為學宗旨。

顧炎武強調做學問和做人的關係，認為「博學於文」與

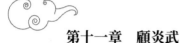

「行己有恥」是緊密結合的。他說：「士而不先言恥，則為無本之人；非好古而多聞，則為空虛之學。以無本之人，而講空虛之學，吾見其日從事於聖人，而去之彌遠也。」（《亭林文集》卷三〈與友人論學書〉）這是說，士人如果不把「有恥」放在首位，他就是沒有根基的人；如果沒有深厚博通的古今知識，他的學問就是空虛無用的。沒有根基的人來講空虛的學問，就離聖人越來越遠了。顧炎武認為只有懂得廉恥而注重實學的人，才真正符合「聖人之道」。就是說，既要盡力掌握學問以服務於天下國家，又要加強修養，提高情操志節，這才是立身處世的原則。

▌進步的社會政治主張

顧炎武在《日知錄》中提出了一系列進步的社會政治主張。他說：「有亡國，有亡天下。亡國與亡天下奚辨？日：易姓改號，謂之亡國；仁義充塞，而至於率獸食人，人將相食，謂之亡天下。……是故知保天下然後知保其國。保國者，其君其臣，肉食者謀之；保天下者，匹夫之賤，與有責焉耳矣。」（《日知錄》）他認為，亡國是指政權的滅亡，亡天下是指整個社會的道德人倫喪失。亡國只是一家一姓失去政權，亡天下則是整個社會的崩潰。保國是保衛政權，這是君臣的事；而保天下是防止人倫喪失，對此天下百姓人人

有責。在重要程度和先後順序上，應以「保天下」為重、為先。

顧炎武認為社會風俗的好壞，與統治者的提倡以及士人的影響有關。他還認為風俗是可以改變的。改變風俗的措施，首先是重視教育。他說：「目擊世趨，方知治亂之關，必在人心風俗。而所以轉移人心、整頓風俗，則教化紀綱為不可闕矣。」（《亭林文集》卷四〈與人書九〉）社會風俗的好壞決定社會的興衰，而教育可以潛移默化地使社會風俗得到改變，所以要移風易俗，最根本的是要進行教育。其次，他強調清議的作用。他說：「天下風俗最壞之地，清議尚存，猶足以維持一二。至於清議亡，而干戈至矣。」（《日知錄》）清議是指對有關國計民生的大事的議論。顧炎武提醒統治者，要給民眾批評朝政、講真話的空間。他認為若是清議還在，風俗就有向好的可能，社會還不至於崩潰。

顧炎武還指出，實行教化要有物質基礎。民眾生活安好，教化方可生效。他進一步提出富民思想，認為家富即國富，所以要藏富於民。「民得其利，則財源通而有益於官；官專其利，則利源塞而必損於民。」（《日知錄》）人民富有了，國家也就安泰強盛；如果國家無休止地搶占利益，財源就會阻塞，這樣不僅會損害人民的利益，而且最終會導致國運衰敗。

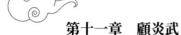

第十一章　顧炎武

　　國家的管理應該是「獨治」還是「眾治」？顧炎武認為
國家的權力是屬於人民的，「人君之於天下，不能以獨治也」
（《日知錄》）。他認為應該「以天下之權寄之天下之人」
（《日知錄》）。天子是權力的代表，但不是權力的所有者；
權力的主體是人民，所以天子應該用手中的權力為天下百姓
謀福利。「眾治」的主張無疑具有早期民主啟蒙色彩。

　　顧炎武認為歷史是不斷發展演化的，社會制度也應該隨
著時勢的發展而改變。「法不變不可以救今已。居不得不變
之勢，而猶諱其變之實，而姑守其不變之名，必至於大弊。」
（《亭林文集》卷六〈軍制論〉）所謂「諱其變之實，而姑守
其不變之名」，是說名存實亡的假象中包含著名實不一的矛
盾，如果不順勢而為，改變已經僵死的舊制度，必然出現嚴
重的弊病。

▍「讀萬卷書，行萬里路」的治學方法

　　顧炎武一生，讀萬卷書，行萬里路，其學術貢獻，不僅
在於研究內容的文化建設性，更在於其治學方法的開創性。
其治學方法有以下特點：

　　第一，重視第一手材料。他把《日知錄》的材料收集，
比作深山採銅。他說當代人寫書，就像當代人鑄錢。古人從
山中採銅來鑄錢，今人則買舊錢作廢銅來鑄錢。這樣鑄出的

錢，既粗惡，又毀壞了古人的傳世之寶，兩邊都沒好處。後人常用顧炎武「採銅於山」的比喻，說明學術研究要重視第一手材料。

第二，重視實地調查。為了弄清事物的真實面目，顧炎武不僅從書本中蒐集材料，而且注重實地調查。潘耒說他「足跡半天下，所至交其賢豪長者，考其山川風俗，疾苦利病，如指諸掌」（〈日知錄序〉）。每到一地，他都虛心向人請教，並以調查訪問的結果來驗證書上的記載。

第三，廣求證據，嚴密論證。潘耒說他「有一疑義，反覆參考，必歸於至當。有一獨見，援古證今，必暢其說而後止」（〈日知錄序〉）。他在掌握豐富資料的基礎上，對疑難問題反覆研究，以尋求正確的解決方法。他發表論點，力求具有堅實的歷史依據和令人信服的論證。

第四，重視辨別源流。潘耒說他「凡經義史學、官方吏治、財賦典禮、輿地藝文之屬，一一疏通其源流，考正其謬誤」（〈日知錄序〉）。他倡導明辨事物的歷史流變，認清事物在各個發展階段的不同特點，從而發現歷史發展的趨勢和規律。

第十一章　顧炎武

第十二章　黃宗羲

第十二章 黃宗羲

█ 黃宗羲其人

黃宗羲（一六一〇年～一六九五年），字太沖，號南雷，學者稱其為梨洲先生。浙江餘姚人。明末清初思想家、史學家。

黃宗羲像

黃宗羲的父親黃尊素，是著名的東林黨人，官至山東道監察御史。天啟年間，宦官魏忠賢擅權，致使朝政黑暗，民不聊生。東林黨人憤起彈劾魏忠賢及其黨羽，遭到魏黨的殘酷報復，先後有「前六君子」、「後七君子」被誣陷殺害。黃尊素即「後七君子」之一。父親含冤慘死，給十七歲的黃宗羲留下了巨大的精神創傷。兩年後，新登基的崇禎皇帝清除魏黨，為被害的東林黨人平反。黃宗羲得到消息後，立即進京申冤。在公堂上，他看見害死父親的仇人，便撲上去用事先藏在袖中的鐵錐將其打得遍體流血。這一驚人之舉，顯示了青年黃宗羲剛烈勇猛的性格。崇禎皇帝聽說此事，感嘆黃宗羲乃「忠臣孤子」。

黃尊素在被捕入京途中，曾命黃宗羲跟從著名理學家劉宗周學習。他從學於劉宗周後，開始留意宋明理學的發展演化。他用兩年時間讀完了二十四史，這為他研究歷史打下了基礎，也培養了他獨立思考的能力。

　　崇禎四年（一六三一年），復社領袖張溥在南京召集大會，黃宗羲經友人介紹參加了復社，成為社中的活躍分子。崇禎八年（一六三五年），魏黨餘孽阮大鋮避居南京。復社文人憎惡其為人，作〈留都防亂公揭〉以驅逐之，黃宗羲領頭簽名，因此與阮大鋮結下仇怨。

　　崇禎十七年（一六四四年），李自成攻破北京，明朝覆亡。五月，福王朱由崧在南京即位，南明弘光政權建立。阮大鋮為兵部右侍郎，不久升為兵部尚書。他掌握大權後，據〈留都防亂公揭〉的署名捕殺東林、復社諸人，黃宗羲在追捕之列。翌年五月，清軍攻下南京，弘光政權崩潰，黃宗羲乘亂脫身，返回餘姚。

　　弘光帝被俘後，魯王朱以海在紹興監國。黃宗羲變賣家產，集結家鄉數百人，組織「世忠營」響應。順治三年（一六四六年）二月，他被魯王任命為兵部職方司主事，不久兼任監察御史。五月，黃宗羲指揮「火攻營」準備攻取海寧，但受到清軍的阻擋。六月，魯王全線兵敗，從海道逃到福建。黃宗羲收殘卒五百人，退守四明山。不久山寨被焚，清廷又下了緝捕令，他只得避居化安山。順治六年（一六四九年），黃宗羲朝見魯王，被升為左副都御史，不久，他就請求回家奉母。順治七年（一六五〇年），黃宗羲到常熟訪問錢謙益，讀書於錢氏的絳雲樓。據說，他曾與錢

氏商議遊說金華總兵馬逢知，想讓他做海上復明軍的內援。總之，明亡後，黃宗羲是以魯王勢力的消長為進退的。憑藉多年參加前線戰鬥的經歷以及對復明各方勢力的觀察，他未必不知道復明的希望渺茫。但是，他覺得，為了延續明朝國脈，即使做徒然的抗爭也是值得的。

康熙六年（一六六七年）之後，黃宗羲奉母返鄉，開始著書講學。不過，他的一些著作是在參加復明鬥爭的間歇中完成的。例如政治思想論著《明夷待訪錄》最早見於康熙元年（一六六二年），該書必是明亡後就在醞釀。康熙十五年（一六七六年），其代表作《明儒學案》完成。

黃宗羲在復明軍中時，就開展過講學活動。康熙六年（一六六七年），他恢復了證人書院的講學。此後，他便陸續在寧波、海昌等地設館。他講學的宗旨，在於糾正明人游談無根的習氣，主張以六經為根柢。

清朝的統治漸漸穩定下來，黃宗羲已接受了這個現實，但他堅決拒絕朝廷的徵召。康熙十七年（一六七八年），清廷詔徵「博學鴻儒」，他的學生代他力辭。康熙十九年（一六八〇年），康熙帝命地方官敦請黃宗羲赴京修《明史》，他則以年老多病堅辭。終其一生，黃宗羲都在竭力保持遺民的身分。康熙三十四年（一六九五年），黃宗羲與世長辭，享年八十六歲。

▍《明儒學案》

黃宗羲博學多才，著述宏富，內容涉及史學、經學、地理、律歷、數學、文學等，舉要如下：

- **政治、哲學著作**：《明夷待訪錄》、《明儒學案》、《宋元學案》、《孟子師說》、《深衣考》、《葬制或問》、《易學象數論》、《破邪論》、《汰存錄》、《思舊錄》等。

- **歷史、地理著作**：《弘光實錄鈔》、《行朝錄》、《海外慟哭記》、《西臺慟哭記注》、《冬青樹引注》、《歷代甲子考》、《四明山志》、《今水經》等。

- **詩文集**：黃宗羲生前曾將自己歷年所作文章編為《南雷文案》，又刪訂為《南雷文定》、《南雷文約》，將詩集《南雷詩歷》附於《南雷文定》之後。

在黃宗羲浩繁的著作中，最為重要的是《明夷待訪錄》和《明儒學案》。下面先對《明儒學案》做簡單介紹。

《明儒學案》六十二卷，成書於康熙十五年（一六七六年）。這是一部學術史著作，詳細而系統地記述了明代儒學各流派的情況。

《明儒學案》首篇〈師說〉是全書的總綱；〈師說〉之後，分別列出了十七個學案，大致依據時間先後和學術流派

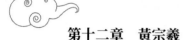

傳承關係排序；以特起者、後之學者、不太著名者總列為〈諸儒學案〉；最後是〈附案〉。〈師說〉、各學案（包括附記）、〈諸儒學案〉和〈附案〉，共列二百四十一人。

每個學案都有較為固定的結構：「案序」、「傳」、「語錄」。「案序」概述該學派之基本情況，諸如該派的主要學術觀點、主要代表人物、與其他學派的關係等；「傳」就是學者傳記；「語錄」收錄該派名言至理並附有評論。

黃宗羲出自姚江學派，即王守仁心學一派。所以此書大致以王守仁為中心，除了專列關於王守仁的〈姚江學案〉外，還列了屬於王學的〈浙中王門學案〉、〈江右王門學案〉、〈南中王門學案〉、〈楚中王門學案〉、〈北方王門學案〉、〈粵閩王門學案〉，以及屬於王學而略有變化的〈止修學案〉、〈泰州學案〉等，居學案總數一半以上。所以，整個《明儒學案》以王守仁心學的發展為主線，基本上是一部心學史。

黃宗羲完成《明儒學案》後，又寫《宋元學案》，但沒有完成。他的兒子和學生按照他留下來的一些手稿和資料做了一些編排，直到近百年後，全祖望才完成了《宋元學案》的編著工作。

《明儒學案》是中國第一部系統的學術史著作，它採用「學案」體，以學派分類的方式介紹某一時代的學術史。這

種體裁被清代學者採用，成為編寫學術史的主要方式。《明儒學案》取材豐富，編纂有法，分類有序，論證切要，對後世學術影響深遠。梁啟超在《清代學術概論》中說清代「史學之祖當推宗羲。所著《明儒學案》，中國之有學術史，自此始也」。

對心學的改造

黃宗羲深受王守仁心學的影響，其《明儒學案》就是以王守仁為中心人物，以心學的發展為主線的。他所說的「盈天地皆心」（《明儒學案》自序）是一個典型的心學命題。他認同王守仁「心外無理」的觀點，認為「天地萬物之理，不外於腔子裡，故見心之廣大」（《明儒學案》卷三十七）。但是黃宗羲在繼承心學的同時，也對心學的一些觀點進行了修正。

以往講心學的人都認為，心有個本體。王守仁認為心之本體就是良知，而良知是永恆不變的。黃宗羲則明確地說：「心無本體，工夫所至，即其本體。」（《明儒學案》自序）黃宗羲斷然否認了心有本體的觀點，認為透過修養所達到的狀態就是心的本體。在此，他強調了「工夫」的作用。

王守仁強調心的永恆不變與獨一無二，黃宗羲卻認為心「變化不測，不能不萬殊」（《明儒學案》自序）。心變化萬

殊，所以，人的思想也是變化萬殊的。不同的人，其思想是
不同的；同一個人，其思想也是不斷變化的。世間並沒有一
個永恆的本體可以作為準則，用固定不變的準則要求人們走
同樣的道路是行不通的。

正因如此，學術研究的途徑「亦不得不殊」（《明儒學
案》自序）。如果學問「必欲出於一途」，一定要走別人的
路，這是沒有好處的。黃宗羲說：「夫先儒之語錄，人人不
同，只是印我之心體變動不居。若執定成局，終是受用不
得。」（《明儒學案》自序）就是說，先儒的語錄呈現出不
同的面貌，僅此一點就印證了心的變動不止。做學術只有自
闢途徑，才能真正受用無窮。這裡，黃宗羲強調了學術獨立
和學術自由，有一定的啟蒙意義。

▌《明夷待訪錄》

明朝的滅亡，漢民族主權的喪失，給了黃宗羲莫大的刺
激。他痛定思痛，展開了對政治制度的研究。康熙初年，他
完成了《明夷待訪錄》這樣一部具有時代意義的巨著。

「明夷」本是《周易》中的一卦，「明」即太陽，「夷」
是損傷之意。「明夷」是光明受到傷害的意思，也可以指有
智慧的人處在患難中。「待訪」是等待賢者來訪，以使書中
所論帶給後世一定的參考借鑑。這裡暗含了作者的亡國之

痛，表達了他對清朝統治者的憤恨之情，也包含了對「太陽」再度升起的殷切期盼。

作為一部政治論著，《明夷待訪錄》放棄了正統的君權概念，從本體上探討了政治學說中一些最根本的問題。書中對於國家的起源、君主權力的性質、君臣關係、君民關係、法律的實質等問題都有嶄新的見解，全面闡明了黃宗羲的政治理想。

《明夷待訪錄》從「民本」的立場抨擊了封建君主專制制度，揭露了君主的醜惡本質，並提出了「以天下為主，君為客」等一系列新觀念，勾畫出未來社會政治的藍圖，具有鮮明的民主色彩和啟蒙性質。它也因此遭到清朝統治者的查禁，直到清末戊戌變法時期，譚嗣同、梁啟超等人極力推崇並印刷發行，才使它真正煥發異彩。以下幾部分，對《明夷待訪錄》的主要觀點做簡單介紹。

▌肯定「人性之私」

〈原君〉是《明夷待訪錄》的首篇，黃宗羲在該篇的開頭，即對「人性之私」加以肯定。他說「有生之初，人各自私也，人各自利也」，肯定每個人都具有「各得其私」、「各得其利」的自然權利。就是說，每個人都可以得到自己想要的東西，可以讓它只屬於自己，這是每個人都應該有的、無可非議

的權利。當然，要想合法使用這個權利，必須具備一個前提，那就是「勤勞」。只要某個東西是在合法的情況下靠自己的辛勞獲取，它就是你的私有財產，你就有維護它的權利。

　　黃宗羲肯定「人性之私」的觀點，繼承了晚明以來標榜「人必有私」的個性解放思想，是對理學家「去人欲，存天理」主張的反思。他認為，人的私慾與天理不是相互對立的，而是相互統一的。他說：「天理正從人欲中見，人欲恰好處，即天理也。」（〈陳乾初先生墓誌銘〉）就是說，人欲和天理，並不是理學家所說的難以共存的關係；人的慾望得到恰當的滿足，這就是天理，也是最高的社會原則。在他看來，理想的社會裡，人欲和天理相互協調統一，人欲得到合理的滿足，落到了「恰好處」。這個「恰好處」的基本表現，就是「己所不欲，勿施於人」。然而，現實社會的情形卻並非如此。由此出發，黃宗羲發出了對封建專制制度的批判。

▎論君民關係

　　〈原君〉一文在肯定「人性之私」的基礎上，論述了人類設立君主的目的以及君主的職責。黃宗羲認為，上古時代，君主的產生，是因為有人「不以一己之利為利，而使天下受其利；不以一己之害為害，而使天下釋其害」。這樣的

人具備為民眾興「公利」、除「公害」的能力，因而被擁戴為君主。因此，君主只是天下民眾的公僕而已：「古者以天下為主，君為客，凡君之所畢世而經營者，為天下也。」民眾是天下的「主」，君主是天下的「客」，君主的職分，是為天下的民眾而工作。

後世則「以君為主，天下為客」，君主與天下民眾的關係被顛倒了。後世君主「以為天下利害之權皆出於我，我以天下之利盡歸於己，以天下之害盡歸於人」，獨占一切利益，把所有的害處都推給別人，並且「使天下之人不敢自私，不敢自利，以我之大私為天下之大公」。儘管君主為了迫使天下人為自己服務，也標榜「大公」，但是，所謂「大公」只是他一個人的「大私」而已。這對民眾極具欺騙性，讓人們不敢自私、不敢自利，從而剝奪了人們應有的權利。「大私」的君主，「視天下為莫大之產業，傳之子孫，受享無窮」。君主把天下看成是他自己的產業，那麼，未得到這份產業時，他「屠毒天下之肝腦，離散天下之子女，以博我一人之產業」；得到這份產業後，他「敲剝天下之骨髓，離散天下之子女，以奉我一人之淫樂」。（以上引文均見《明夷待訪錄‧原君》）君主極盡荒淫無恥之能事，民眾被敲骨吸髓，悲慘之至。這樣的「家天下」的君主，實際上是「天下大害」。

黃宗羲的「君害」論以及限制君權的「天下為主，君為客」的主張，是對封建君主專制政體進行反思而得出的結論。它振聾發聵，顯示了初步的民主要求，對現代社會具有重要意義。

▎論君臣關係

黃宗羲認為，要限制君權，首先要辨明君臣關係。為此，他在〈原臣〉一文中提出了「臣之與君，名異而實同」的觀點。就是說，雖然從名稱上看，君和臣是不同的，權力、地位也都不同，但從根本上講，他們是共同管理政務、治理天下的人。因此，君與臣雖有主次之分，但兩者的關係是平等合作的關係，君主不應該高高在上、唯我獨尊，而應該身為治理天下的領頭人，與大臣同心協力，為天下興利除弊。

黃宗羲認為，為臣者應該明白自己是君之師友，而不是君之僕妾：「我之出而仕也，為天下，非為君也；為萬民，非為一姓也。」臣是為天下大眾服務，而不是為君王一家一姓效力。如果臣自認為是為君所設，僅僅「以君之一身一姓起見」、「視天下人民為人君囊中之私物」，恪盡職責只是為君主當好僕妾，而置民眾死活於不顧，那麼，這樣的臣即使「能輔君而興，從君而亡」，也是不符合為臣之道的。

　　黃宗羲指出：「天下之治亂，不在一姓之興亡，而在萬民之憂樂。」在他看來，民眾安樂就是「治」，民眾憂苦就是「亂」。朝代的興亡不是治亂的關鍵，民眾的安樂才是為臣者要追求的「天下之治」。黃宗羲站在以民為本的立場，從民眾的福祉這樣一個角度來解釋治亂的意義，認為一個朝代的「興」未必就是「治」，一個朝代的「亡」未必就是「亂」。「桀、紂之亡，乃所以為治也；秦政、蒙古之興，乃所以為亂也。」（以上引文均見《明夷待訪錄·原臣》）殘暴君主的滅亡是「治」的發端，殘暴君主的興起是「亂」的緣由。所以，一朝之興亡並不是重要的事，百姓的幸福生活才是為臣者所應看重的。

　　黃宗羲的君臣觀，有力地衝擊了「君為臣綱」的正統思想，煥發出近代民主政治的光彩。

▍恢復「天下之法」

　　黃宗羲主張改革法制，制定合理的法律來限制君權。在〈原法〉一文中，他指出，歷史上的法律有兩種：一種是秦以前的法律，它不是「為一己而立」的，因此是「天下之法」、「無法之法」。另一種是秦以後的法律，它是維護君主一家一姓的私利的，是「一家之法」、「非法之法」。「一家之法」沒有絲毫為天下著想的心思，於是使「天下之亂即生於法之

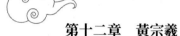

中」。這實際上是說,「三代以上有法,三代以下無法」。

　　那麼,合理的情形是怎樣的呢?黃宗羲強調了法制改革的必要性。他認為,對於只保護君主權益的「一家之法」,需要「一一通變」,而非「小小更革」。這也就是要徹底廢除秦以後的專制主義的「一家之法」,而恢復三代以上的「天下之法」。只有這樣,才能產生真正合理的「為治大法」。

　　黃宗羲還提出「有治法而後有治人」的觀點。他認為,必須制定正當合理的法制,才能出現「能治之人」;「能治之人」依法辦事,才能做出成績。如果法制不合理,即使有「能治之人」,也會因為受到不合理的法制的束縛,而不可能有所作為。(以上引文均見《明夷待訪錄·原法》)

　　黃宗羲以「天下之法」來反對「一家之法」,以「為治大法」來規範君主的行為,這就帶有一定的君主立憲色彩。他的這種法治意識,為近代民主思想的產生提供了有益的資源。

「置相」以限制君權

　　在〈置相〉一文中,黃宗羲還提出設置宰相來限制君權的主張。他說「有明之無善治,自高皇帝罷丞相始也」,認為整個明朝的政治都是黑暗腐朽的,這是因為明太祖廢除了宰相。

　　文中追溯了宰相一職的存廢過程。三代以上，宰相與君主的關係是平等的。秦漢以後，雖然相卑君尊，但兩者還大致保持著主客關係，宰相尚能制衡君主。明朝廢除了宰相，就無人能夠與君主抗衡了。君主高高在上，奴視臣下，以致獨斷專行、為所欲為。

　　按照宗法傳統，天子之位傳予其子。然而「天子之子不皆賢」，這怎麼辦呢？明朝以前，還可以依賴宰相，因為宰相傳賢而不傳子，足以補救天子之不賢。明朝皇帝則實行極端的專制統治，廢除了宰相，這樣一來，「天子之子一不賢，更無與為賢者矣」。（以上引文均見《明夷待訪錄·置相》）這勢必給天下帶來無窮的災難。

　　明朝廢除宰相後設立的內閣大學士，其職責只是以備顧問，以及根據皇帝的意旨批答章奏，沒有實權，根本沒有發揮過去宰相的作用。如果天子不能或不願處理政事，勢必依靠一群貪婪兇殘的宦官來統治，這就出現了明代為害至深的宦官專權。

　　黃宗羲提出了自己的政治設想：設宰相一人，參知政事（副宰相）若干人，每日與其他大臣一起，在便殿與天子共同議政。就是說，國家大政都要經過天子、宰相以及多位參知政事所組成的會議討論才能透過，這是一種限制君權過分膨脹的有效措施。

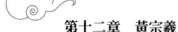

▌「學校」議政

　　黃宗羲提出的限制君權的又一措施，是使學校成為議政機關。他說：「必使治天下之具，皆出於學校，而後設學校之意始備。」就是說，要擴大學校的職能，使治理天下的政策、措施都出自學校。學校不僅是培養人才的教育機關，而且應是議政機關，成為國家政權的一部分。這樣，設立學校的意義才算完備。

　　他解釋說：「天子之所是未必是，天子之所非未必非。天子亦遂不敢自為非是，而公其非是於學校。是故養士為學校之一事，而學校不僅為養士而設也。」（《明夷待訪錄·學校》）這是說，因為天子認為對的未必對，天子認為不對的未必不對，所以國家事務不能由天子一人說了算，而應該在學校進行討論。天子要聽從學校的公議，學校是決定是非的最高機關。

　　黃宗羲指出，太學的祭酒，應選當世大儒充當，其地位應與宰相相當。每年的初一，天子與宰相、六卿、諫議等都得前往太學。祭酒在南面講學，天子亦就弟子之列。天子施政有缺失，祭酒應直言不諱。郡縣的學官，也應由名儒擔任，每月的初一、十五，學官講學，集合當地的縉紳、士子；郡縣長官亦須前往聽講，而且執弟子之禮。

　　黃宗羲關於擴大學校職能的思想，對君主獨裁發起了挑

戰，是中國最早的關於議會的設想。這一設想，雖然在當時不可能實現，但是難能可貴。後來康有為、梁啟超等人提出的君主立憲方案，在黃宗羲這裡已經有了最初的萌芽。

第十二章　黃宗羲

第十三章　王夫之

▌王夫之其人

王夫之（一六一九年～一六九二年），字而農，號姜齋，衡陽（今屬湖南）人。因晚年隱居衡陽的石船山，人稱船山先生。

王夫之像

明神宗萬曆四十七年（一六一九年），王夫之出生於一個書香世家。父親王朝聘早年考中了秀才，但鄉試屢屢不中，後來絕意仕進。王朝聘學養深厚，對王夫之影響很大。王夫之四歲入私塾，跟隨長兄王介之讀書。八歲由父親教授經學，為他日後成為經學大師扎下了根柢。王夫之十四歲考中秀才，後被選拔到衡陽縣學深造。在縣學讀書期間，他讀遍了縣學的藏書。十六歲時，他跟隨叔父王廷聘學詩和音韻學，兩年內讀古今詩十萬首。王夫之少年時代就博通典籍、精研詩藝，並關心時事，這為他後來從事政治、學術及文學活動奠定了基礎。

王夫之曾三次赴武昌參加鄉試，都未考中。崇禎十五年（一六四二年），他終於和長兄一起考中了舉人，卻未能踏上仕途。崇禎十六年（一六四三年），張獻忠率軍攻克衡州，招王夫之及其長兄前往。兩人連夜逃往山中躲藏。崇禎十七年（一六四四年）三月，李自成攻克北京，明朝覆滅。

五月，清兵攻陷北京，建立清朝。王夫之聽到消息後悲憤萬分，作〈悲憤詩〉一百韻。

清順治三年（一六四六年），清兵南下，進逼兩湖。王夫之隻身赴湘陰，上書湖北巡撫章曠，提出抗擊清軍的建議，但未被採納。順治五年（一六四八年），王夫之在衡陽組織武裝抗清失敗後，來到肇慶投奔永曆政權。有人推薦他為翰林院庶吉士，但他看到永曆政權內部爭權奪利、苟且偷生，大為失望，加上正為父親守喪，於是竭力辭謝。他了解到防守桂林的瞿式耜力主抗清，便來到桂林。在桂林，他與愛國學者、科學家方以智成為摯友。方以智倡導實證科學，對豐富王夫之的哲學思想造成了積極作用。

順治七年（一六五〇年），經瞿式耜推薦，王夫之赴梧州，任行人司行人。在永曆政權內部的權力爭鬥中，王夫之被權奸構陷，幸虧有人營救，方免於難。王夫之離開梧州，再到桂林投奔瞿式耜。很快清軍攻破桂林，瞿式耜殉難，方以智削髮為僧。王夫之感到永曆政權難以有所作為，於是從廣西返回衡陽。

王夫之回到家鄉後，開始了旨在復興國家民族的學術研究。為了躲避清政府的偵緝，他被迫離家，四處隱藏，過著顛沛流離的生活。但他仍以頑強的意志，堅持學術研究和文學創作，先後完成《周易外傳》、《黃書》、《尚書引義》、

《讀四書大全說》等著作。

　　清朝統治者為加強思想統治，以殘酷的手段打擊有反清意識的知識分子。康熙七年（一六六八年），好友方以智來信勸他往江西「逃禪」（為避禍而逃入禪門），被他謝絕。第二年，他遷入新築的草屋「觀生居」，自題堂聯「六經責我開生面，七尺從天乞活埋」，表明致力學術研究、誓死不仕清的決心。後又遷居石船山下茅舍，題名「湘西草堂」。

　　康熙十七年（一六七八年），吳三桂準備在衡陽稱帝，請王夫之代寫勸進表。王夫之斷然拒絕，逃入深山，作〈袚禊賦〉，表示了對吳三桂的蔑視。此後，《張子正蒙注》、《噩夢》、《詩廣傳》、《俟解》、《周易內傳》等著作相繼寫成。康熙二十八年（一六八九年），偏沅巡撫鄭端聽說王夫之年老多病、生活困難，就囑託衡州知府崔鳴鷟攜錢米來看望。王夫之託病不見，讓家人只收下米，而將錢悉數歸還。康熙三十年（一六九一年），王夫之雖久病虛弱，但仍奮力著述，《讀通鑑論》、《宋論》在這時定稿。康熙三十一年（一六九二年），王夫之病逝於湘西草堂，時年七十四歲。

　　王夫之在去世前為自己的墓碑題詞「有明遺臣行人王夫之字而農葬於此」，並自題銘文曰：「抱劉越石（劉琨）之孤憤而命無從致，希張橫渠（張載）之正學而力不能企。」

以此作為對自己一生志節行事、思想學術的總結。他在志節和學術上的楷模分別是西晉劉琨和北宋張載。他認為自己未能達到劉、張兩人的高度，但事實上，他不僅有像劉琨一樣的志節，而且在學術上的許多觀點都達到了前人所未達到的高峰。

▌《船山遺書》

王夫之著述很多，內容涉及哲學、政治、法律、軍事、歷史、文學、教育、倫理、文字、天文、曆算等方面，尤以哲學研究成就卓著。道光二十二年（一八四二年），王世全刻王夫之遺著十八種，名《船山遺書》。同治初年，曾國藩、曾國荃兄弟重新匯刊《船山遺書》，合經、史、子、集四部，共五十八種，另附〈校勘記〉，是為金陵刻本；光緒十三年（一八八七年）又在湖南船山書院補刻六種，統稱曾刻本。一九三〇年，上海太平洋書店依曾刻本體例，重新用鉛字排印《船山遺書》，補入新發現手稿六種，共輯王夫之著述七十種，為蒐集最全之印本，是為太平洋排印本。

王夫之的著作中，比較重要的是《周易外傳》、《尚書引義》、《讀四書大全說》、《張子正蒙注》、《思問錄》、《詩廣傳》、《黃書》、《噩夢》、《俟解》、《讀通鑑論》、《宋論》等。

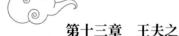

第十三章　王夫之

王夫之站在時代的高度，自覺擔負起總結中國文化和古典哲學的任務。他對儒家的主要經典做了全新的註解，對過去的哲學思想都有所探討和批判，形成了完整而細密的哲學體系。經過他的解釋，六經呈現出新的面貌，他的許多哲學思想也達到了中國古代哲學的高峰。

「天人之蘊，一氣而已」── 氣是世界的本源

王夫之認為，客觀世界具有實在性。他提出「誠」的觀念來表示這種實在性：「夫誠者，實有者也，前有所始，後有所終也。實有者，天下之公有也，有目所共見，有耳所共聞也。」（《尚書引義》卷三〈說命上〉）他把「誠」解釋為「實有」，以「實有」來概括客觀世界的最一般的屬性，認為客觀世界中的事物都有始有終，都能被人感覺得到。他還說：「誠也者，實也；實有之，固有之也……猶夫水之固潤固下，火之固炎固上也，無所待而然，無不然者以相雜，盡其所可致，而莫之能御也。」（《尚書引義》卷四〈洪範三〉）客觀世界中的事物是不以人的意志為轉移的。王夫之以「誠」來表明客觀世界的真實性，體現了他的唯物思想。

從唯物思想出發，王夫之提出了一系列觀點。他繼承北宋張載的氣本論，認為世界的本源是「氣」。他說：「絪縕

之中，陰陽具足，而變易以出，萬物並育於其中，不相肖而各成形色，隨感而出，無能越此二端。」（《張子正蒙注》卷一〈太和〉）陰陽二氣合而未分就是「絪縕」。在這種狀態下，陰陽二氣交感，使得萬物化育於其中。王夫之在這裡肯定了氣是世界的本源，除了氣沒有別的創造者。他認為，萬物統一於氣：「陰陽二氣充滿太虛，此外更無他物，亦無間隙。天之象，地之形，皆其所範圍也。」（《張子正蒙注》卷一〈太和〉）太虛之中充滿了氣。天地萬物看似各不相同，其實都是氣的表現形式。所以他說：「天人之蘊，一氣而已。」（《讀四書大全說》卷十〈孟子告子上〉）這是說，自然界和人類社會的實際內容只是氣而已，氣是世界的本源，它具有客觀實在性。

既然世界的本源是氣，那麼，理和氣的關係是怎樣的呢？王夫之認為，理和氣之間相互結合，但以氣為根本，即「理不先而氣不後」（《讀四書大全說》卷十〈孟子告子上〉）。他說「氣者，理之依也」（《思問錄》內篇），氣是理的依託，理在氣中，「氣外更無虛託孤立之理也」（《讀四書大全說》卷十〈孟子告子上〉）。氣是陰陽變化的實體，理則是變化過程所呈現出的規律。理是氣之理，沒有離開氣而獨立存在的理。王夫之以他的氣本論，來反對朱熹等人以理為本、氣外求理的理論。

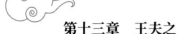

▌「日新之化」──世界處於變化發展中

王夫之在肯定世界的客觀實在性的同時，探討了世界運動發展的問題。他認為「靜即含動，動不捨靜」（《思問錄》外篇），就是說，動、靜皆是動。運動是無條件的、絕對的，靜止是有條件的、相對的。

他認為矛盾對立是造成事物運動變化的原因。他說：「易者，互相推移以摩蕩之謂……純乾純坤，未有易也，而相峙以並立，則易之道在。」（《周易內傳》卷一上）事物內部對立的兩個方面相互作用，是事物變化的根源。事物如果是單純的陽或單純的陰，就不會有變化；事物內部陰陽並立，於是就有了變化。

王夫之在論述變化時，更重視其發展、前進的一面。他說：「天地之德不易，而天地之化日新。」（《思問錄》外篇）他認為，現在不是過去，無論是自然界還是人類社會，都在不斷地變化發展。舊事物的死亡，是為新事物的誕生準備條件；榮枯轉換、吐故納新，是自然界和人類發展的根本法則。

▌「『能』必副其『所』」──主觀要符合客觀

王夫之利用和改造了佛教哲學的「能」、「所」範疇，對認知活動中的主體和客體、主觀認知能力和客觀認知對象加以明確的區分和規定。在他看來，「所」是認知對象，

「能」是主體的認知能力。他說：「『所』著於人倫物理之中，『能』取諸耳目心思之用。『所』不在內，故心如太虛，有感而皆應；『能』不在外，故為仁由己，反己而必誠。」（《尚書引義》卷五）因為認知對象不在主觀意識之中，所以不要有先入之見，要虛己觀物，以客觀的態度來對待外部世界。同時，認知主體的能力又不在主體之外，因此要了解客觀事物，必須發揮主觀能動性，要將從實際出發和發揮主觀能動性結合起來。

王夫之還講了「能」與「所」的關係。他說：「乃以俟用者為『所』，則必實有其體；以用乎俟用而可以有功者為『能』，則必實有其用。體俟用，則因『所』以發『能』；用乎體，則『能』必副其『所』。」（《尚書引義》卷五）「所」是真實的，有了客觀的實體，才有認知的對象。「能」也是真實的，有了主體的認知能力，才可能產生認知的作用。而有了認知的對象，才能引起認知，即「因『所』以發『能』」。正確的認知，必須與客觀對象相符合，即「『能』必副其『所』」。總的來說，他認為「能」和「所」的關係，只能是「因『所』以發『能』」「『能』必副其『所』」，即主觀認知由客觀對象的引發而產生，客觀實在是第一性的，主觀是客觀的「副本」。

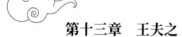

▌「知以行為功」──「行」在認知中的主導作用

王夫之對「能」與「所」的論證，主要是探討主觀和客觀的關係。由於主觀符合客觀的原則必須見於行動，於是，王夫之又探討了知行關係，提出「知以行為功」、「行可兼知」的知行觀。

王夫之認為知和行是一個統一體中的兩面，其中行是主要的一面。他說：「且夫知也者，固以行為功者也。行也者，不以知為功者也。行焉可以得知也，知焉未可以收行之效也。」（《尚書引義》卷三）這是說，認知過程中儘管有知的作用，但其完成以及獲得效果主要靠行，這是由行的功效性所決定的。因為知局限於主觀領域，而行則溝通主、客觀，具有實效性，能與對象直接接觸，並使之發生改變，達到人所希望的效果。因此說「知以行為功」。

王夫之強調行在認知過程中的主導地位，進而得出「行可兼知」的結論。他認為，知源於行，力行而後有真知。行是知的基礎和動力，行包括知，統率知。他說：「行可兼知，而知不可兼行。」（《尚書引義》卷三）也就是說，行可以包括知，但知不包括行。行某事，必然對某事有所知；但對某事有所知，不一定就能行某事。所以，只有廣泛地接

觸具體事物，才能達到對事物的規律性認知，先理解規律後進行學習是不可能的。離行言知，是玄虛的空談。

┃「性日生而日成」── 人性是可以養成的

王夫之將變化日新的觀點運用到人性問題上，提出了「性日生而日成」的觀點，指出人性不是一成不變的，後天的生活 ──「習」，對人性的形成有重要的作用。

他說：「二氣之運，五行之實，足以為長養，猶其足以為胎孕者。」（《尚書引義》卷三）這是說，人體孕育和成長所需要的營養，取自自然界的二氣、五行之材料。「形日以養，氣日以滋，理日以成；方生而受之，一日生而一日受之。受之者有所自授，豈非天哉？故天日命於人，而人日受命於天，故曰：性者，生也，日生而日成之也。」（《尚書引義》卷三）這是說，人稟二氣出生之後，不斷地成長。出生時受天之命，出生之後也無一日不受天之命。所以他認為人性不是一生下來就確定不變的，而是有一個逐漸形成和演變的過程。所以他說：「未成可成，已成可革。性也者，豈一受成侀，不受損益也哉？」（《尚書引義》卷三）世界是運動不息的，所以人性也不是一成不變的。以前沒有形成的，可以形成；以前形成的，也可以去除。總之，人性是可以養成或改變的。

他還強調後天學習對人性發展的作用：「是故氣隨習易，而習且與性成也。」（《讀四書大全說》卷七）他提倡把受先天之「氣」影響而形成的人性與後天實踐活動的「習」結合起來，使人性不斷完善。

▍「理必寓於人欲以見」── 理、欲統一

王夫之在強調人性變化發展的同時，進一步提出「理必寓於人欲以見」的觀點。

程朱一派的理學家認為，天理和人欲是對立的，人們應該克制慾望，服從天理，即「存天理，滅人欲」。王夫之堅決反對這種觀點。他認為生活欲求是人所共有的，道德不過是調整人的欲求，使之合理的準則。道德與人的生活欲求有著不可分割的關聯，道德就存在於生活欲求中。他說：「禮雖純為天理之節文，而必寓於人欲以見……故終不離人而別有天，終不離欲而別有理也。」（《讀四書大全說》卷八）這是說，天理、人欲不是絕對對立的，而是相互統一的。天理就在人欲中，有欲才有理，離開人欲也就沒有什麼天理可言。他還說「人欲之各得，即天理之大同」（《讀四書大全說》卷四），人們的基本慾望都能得到滿足，這就是天理之所在。他又說：「行天理於人欲之內，而欲皆從理，然後仁德歸焉。」（《讀四書大全說》卷六）把理寓於欲中，才能

使欲服從理，人的道德也就體現出來了。

王夫之也強調天理，認為天理雖然不能脫離人欲，但人欲也要受到天理的制約。他反對把道德和慾望、功利等同起來，強調以理導欲、以義制利，認為只有充分發揮道德的作用，社會才能建立協調的秩序。

總而言之，王夫之「理寓於欲」的主張，強調理、欲統一，肯定合理的生活慾望的滿足，將欲納入到合理的軌道，矯正了理學家「存理去欲」的極端思想，這在當時具有啟蒙意義，並對中國近代改良主義倫理思想產生了深刻影響。

「理勢相依」── 歷史發展的規律和趨勢相互統一

王夫之依據其「理依於氣」的思想，提出了「理勢相依」的歷史規律論。他認為，「理」和「勢」是相互連繫、相互依賴的：「其始之有理，即於氣上見理。迨已得理，則自然成勢，又只在勢之必然處見理。」（《讀四書大全說》卷九）這裡的「理」，是客觀事物內在固有的本質、必然性及其規律；這裡的「勢」，是事物發展的不可抗拒的客觀趨勢。正如在自然界中理和氣不可分，在社會歷史領域，理和勢也不可以割裂：「凡言勢者，皆順而不逆之謂也，從高趨卑，從大包小，不容違阻之謂也，夫然又安往而非理乎？知

理勢不可以兩截溝分。」（《讀四書大全說》卷九）

　　他還以「理勢相依」的觀點揭示了歷史發展的過程：「勢之難易，理之順逆為之也。理順斯勢順矣，理逆斯勢逆矣。」又說：「理之順即勢之便也……勢處於不順，則事雖易而必難。事之已難，則不能豫持後勢而立可久之法以昭大信於天下，所必然也。」（《尚書引義》卷四）這是說，理的順逆決定了勢的難易，理之順就是勢之順，理之逆就是勢之逆。勢不順就會造成事難辦，事難辦就不能預見歷史發展的趨勢，也就不能立長久之法來取信於民。這說明理、勢相輔相成、互為因果，即歷史的固有規律和必然趨勢是相互統一的。

▌「一姓之興亡，私也」──民本思想的發展

　　王夫之在明末清初民族矛盾激化的特殊背景下，提出了具有現代民主意義的民本思想。他說：「一姓之興亡，私也；而生民之生死，公也。」他還說：「寧喪天下於廟堂，而不忍使無知赤子窺竊弄兵以相吞嚙也。」（《讀通鑑論》卷十七）他認為，王朝的興亡並不比民眾的生死更重要。因為屬於一姓的王朝是「私」，普天下民眾的生命則是「公」，「公者重，私者輕」（《讀通鑑論》卷十四）。所以，他寧願朝廷喪失政權，也不忍看到生靈塗炭。這種認知顛覆了君

權至上的觀念，使得保護民眾生命上升為最高政治原則，是對傳統民本思想的發展，體現了具有現代意義的人道主義精神。

他還說：「不以一時之君臣，廢古今夷夏之通義也。」（《讀通鑑論》卷十四）這裡的「古今夷夏之通義」，是民族的生存高於一切，民眾的生命高於一切。他的這一觀點，打破了君權觀念的束縛，強調民族大義和民眾生命高於君臣之義，使得以往至高無上的君臣之義退居次要地位，從而凸顯了人的生命和民族生存的無上價值。

人的生命和民族的存續是人類社會的根本政治原則，凡是違背這一原則的行為，都是不正義的。王夫之「不以一時之君臣，廢古今夷夏之通義」的政治原則，在今天仍是正確和有效的。

「豈必恃一人之耳目以弱天下」── 反專制精神

王夫之在闡揚民本思想的同時，也對封建專制進行了揭露和批判，體現了強烈的反專制精神。

王夫之從明亡清興的教訓中意識到，導致漢民族不能自固的根本原因，是專制君主的「私天下」，即視天下為私產。專制君主害怕私產被奪而猜疑天下之人，於是將大權集

中在自己一個人手裡，靠一人之聰明來治理天下，這勢必帶來整個族群的失語，使得政治喪失活力而趨於萎靡。王夫之說：「仁以厚其類則不私其權，義以正其紀則不妄於授，保中夏於綱紀之中，交相勉以護人禽之別，豈必恃一人之耳目以弱天下而聽其靡哉？」（《尚書引義》卷五）意思是，合乎仁的政治，應該厚待本族類，而不應把權力變為私有。只要保證華夏民族不會退回到與禽獸無異的野蠻狀態，就不必擔心權力在本族類中的轉移交接。難道一定要以一人的見識來減弱整個民族的治理能力，而聽任政治墮落腐朽嗎？王夫之認為，由於權力集中在君主一人手中，朝廷機構並不能充分發揮作用，地方政府更沒有實權，於是造成了政治的無力和混亂。一旦外族入侵，這樣的朝廷根本不能組織有效的抵抗，最終難免走向滅亡。

附錄

從六經到十三經

中國古代文化以儒學為根本，儒學則以經學為根本。戰國以後，人們把以孔子為代表的儒家的重要著作稱為「經」。儒家的重要著作，歷史上有「六經」、「五經」、「七經」、「九經」、「十二經」、「十三經」的發展過程。

(1) 六經

先秦時代，儒家傳授「六經」。「六經」本是六種古老的文獻，包括《易》、《書》、《詩》、《禮》、《樂》、《春秋》。《易》是古代的卜筮用書，《書》是夏商周三代的政治文獻彙編，《詩》是周代的詩歌總集，《禮》（指《儀禮》）是西周禮儀的紀錄，《樂》早已亡佚，《春秋》是魯國的編年史。一般認為，在春秋末年，由於周王室的衰微和舊貴族的沒落，大量文獻殘缺或散失，孔子對這六種書籍進行過蒐集整理，並用作教授學生的教科書。從司馬遷開始，「六經」又被稱為「六藝」。

(2) 五經

先秦的「六經」，由於秦始皇焚書坑儒，遭到極大的摧殘。漢初取消書禁，各經書得以公開流傳，但這時《樂》已經無人傳授，所以「六經」只剩下「五經」。漢武帝接受董

仲舒「罷黜百家，獨尊儒術」的建議，將儒家定為一尊，設立「五經」博士，在太學中以「五經」傳授弟子。

(3) 七經

東漢時，因為孔子被尊為聖人，記錄孔子言論的《論語》就成了人們必須學習和尊奉的經。同時，統治者還提倡孝道。「孝」是一個宗法倫理觀念，它首先指孝順父母，其次它還與忠君相連繫，因為行孝道的人絕不會有忤逆行為。因此，《孝經》此時也被列入經書。這樣，「五經」就增加為「七經」。

(4) 九經

唐代初期提出「九經」之名。所謂「九經」，是把「五經」中的《禮》和《春秋》各擴充為三。《禮》擴充為「三《禮》」，即《周禮》、《儀禮》、《禮記》。《春秋》擴充為「《春秋》三傳」，即《春秋左傳》、《春秋公羊傳》、《春秋穀梁傳》。因為唐初朝廷並不尊孔重孝，所以「九經」中沒有《論語》和《孝經》。這樣，「九經」包括《易》、《書》、《詩》、《周禮》、《儀禮》、《禮記》、《春秋左傳》、《春秋公羊傳》、《春秋穀梁傳》。

(5) 十二經

唐代中期出現了「十二經」。「安史之亂」後，尊孔和重孝又被重提。唐玄宗曾親自為《孝經》作注，孔子又成為思想權威，《論語》、《孝經》再次成為經。隨著唐朝確立的經書越來越多，需要解決經書的訓詁問題，即要對經書的文字進行統一的解釋。《爾雅》本是一部古代訓詁專書，即閱讀古籍所用的辭典，此時也被列入經書。唐文宗開成年間，朝廷在長安國子監門前立石，在上面刻「十二經」原文供士人傳習。「十二經」就是唐代前期的「九經」，再加上《論語》、《孝經》和《爾雅》。

(6) 十三經

唐代韓愈、李翱宣揚「道統」，認為孟子是孔子之後「道統」的繼承者。到了宋代，孟子學說受到重視，孟子成為地位僅次於孔子的儒家代表，《孟子》一書也就成了必須誦習的經典。

《十三經註疏》

這樣，《孟子》與原來的「十二經」合為「十三經」。

漢代及稍後的學者對各經做了大量註釋，人們稱之為注或籤。到了唐宋時期，前人的註釋也已經難以理解，於是一

些學者對前人的舊注進行解釋和闡發，這被稱為「疏」或「正義」。歷代解釋「十三經」的著作有很多，南宋光宗紹熙年間有了彙集唐宋之前最具權威性的「十三經」注、疏的合刊本，這就是《十三經註疏》。清代嘉慶年間，阮元主持重刻《十三經註疏》，號為善本。現在的《十三經註疏》通行本即阮元主持校刻的善本。

▎五經

「五經」在先秦雖然廣泛傳播，但並未引起統治者的特殊重視。秦代焚書，除了《易》，其他四經都在焚燒之列。漢初，儒者地位提高，儒家著作得到普遍傳習。漢武帝即位後，接受董仲舒「罷黜百家，獨尊儒術」的建議，並於建元五年（前一三六年）設置「五經」博士，從此，「五經」被奉為神聖的經典。

西漢設立的十四個博士，都是今文博士。今文是與古文相對而言的。漢初所傳的「五經」，都是用當時通行的隸書抄寫，所以叫今文經；古文經則是用先秦古文字抄寫的。古文經出現較晚。西漢末年，劉歆整理皇家圖書時，發現了古文《尚書》、《左氏春秋》等古代典籍。他要求將其立於學官，但遭到今文博士的激烈反對。於是他著文回擊，拉開了今古文之爭的序幕。王莽篡政後，大力提倡古文經，於是一

些古文經被立於學官。東漢時,雖然古文經不再立於學官,但學者研習古文經的風氣很盛,出現了馬融、鄭玄這樣的古文經大師。身為古文經大師的鄭玄,融合今文經學的長處,遍注群經,結束了今古文經學水火不容的局面。

魏晉時期,王弼注《易》,何晏注《論語》,杜預注《春秋左傳》,梅頤作《偽古文尚書》,范寧注《春秋穀梁傳》。這些書問世後,除了鄭玄的《三禮注》外,其他的漢代今古文經學者所作的注都不再能立足。

唐太宗時,國子祭酒孔穎達與諸儒奉敕編定《五經正義》。《五經正義》確定的註疏是《周易正義》(王弼注)、《尚書正義》(偽孔傳)、《禮記正義》(鄭玄注)、《毛詩正義》(毛傳、鄭箋)、《春秋左傳正義》(杜預注)。以《五經正義》來看,唐代的「五經」與漢代的「五經」不同。漢代的「五經」全是今文經,而唐代的「五經」則包含了古文經(《毛詩正義》、《春秋左傳正義》)。漢代「五經」中的《禮》指《儀禮》,唐代則指《禮記》。

《五經正義》的頒布,不僅使新的「五經」確定下來,成為後世奉行的標準,而且保存了漢魏時期的許多舊籍,為後世學術研究提供了極其寶貴的資料。

▎《周易》

　　《周易》包括《易經》和《易傳》兩部分。《易經》是古老的筮書，《易傳》是對《易經》的解釋。

　　《易經》的兩個基本符號是「━」和「╌」，分別叫做陽爻和陰爻。兩個符號中的一個自重為三疊，或者兩個符號一多一少互連為三疊，形成八種形狀，即八卦。八卦的卦形及名稱是：☰（乾）、☷（坤）、☳（震）、☴（巽）、☵（坎）、☲（離）、☶（艮）、☱（兌）。

　　八卦自重或互重，組成六十四卦。自重的使用原名，如乾卦、坤卦、震卦等；互重的則另立名稱，如否卦、泰卦、蹇卦等。《易經》全書以卦為單位，分為上、下兩經。上經三十卦，下經三十四卦。每一卦各包括卦形、卦名、卦辭、爻辭四部分。

　　六十四卦中，每個卦形都有六行，每一行叫做一爻。按自下而上的順序，以「初」、「二」、「三」、「四」、「五」、「上」表示每爻的爻位；以「九」、「六」表示每爻的爻性，「九」屬陽（━），「六」屬陰（╌）。把表示爻位的一個字和表示爻性的一個字組合起來，叫做爻題。例如，屯卦（☷）六爻的爻題分別是：初九、六二、六三、六四、九五、上六。六十四卦中，首卦乾卦、第二卦坤卦，各多一爻，所以共有三百八十六爻。

六十四卦的每一卦，都有一句話來說明本卦的意義，這叫做卦辭，共有六十四條。例如，泰卦（䷊）的卦辭是：「小往大來，吉，亨。」每個爻題後面，各有一句話來說明本爻的意義，這叫做爻辭。例如，小畜卦（䷈）的爻辭是：「初九，復自道，何其咎？吉。」「九二，牽復，吉。」、「九三，輿說輻，夫妻反目。」、「六四，有孚；血去惕出，無咎。」、「九五，有孚攣如，富以其鄰。」、「上九，既雨既處，尚德載；婦貞厲，月幾望；君子征凶。」

關於《易經》的作者，流傳最廣的說法是，伏羲畫出八卦，周文王將八卦擴展為六十四卦，並作出卦辭、爻辭。但是這個說法一直受到懷疑，目前也沒有定論。

《易經》本來只是一部占筮用書，但是卦、爻辭涉及了上古時期的歷史事件，反映了上古社會各方面的情況，並體現了當時人們的思想認知，對現代人了解上古社會有重要價值。

《易經》年代久遠，文字簡約晦澀，因此不斷有人對它進行解釋。在戰國及秦漢之際，出現了對《易經》的七種解說，這些解說文字被彙總成《易傳》。《易傳》又稱《易大傳》，包括〈彖〉、〈象〉、〈繫辭〉、〈文言〉、〈說卦〉、〈序卦〉、〈雜卦〉七部分。因為〈彖〉、〈象〉、〈繫辭〉各分為上、下兩篇，《易傳》合起來一共十篇，所以又稱為「十翼」。

　　《易傳》的作者，相傳是孔子。但目前普遍認為，《易傳》不是出自一人、成於一時，而是由戰國及秦漢之間的許多儒家學者逐步完成的。《易傳》是《易經》的註解，但它的解釋有時與經文原意不符，因而更像是一部表達作者思想觀念的哲學著作。十篇文字前後映照、相互補充，形成了較為完整的思想體系。

　　先秦時期，《周易》因孔子的倡導而廣泛傳播。西漢時期，傳授《周易》的有施、孟、梁丘三家，漢武帝設立「五經」博士，這三家均被立於學官。漢元帝時，又有京氏《易》與前三家並列於學官，而此時民間流行的是費氏《易》和高氏《易》。東漢末年，鄭玄以費氏《易》為宗，又參考京氏《易》，完成了《周易注》。三國時期，王弼作《周易注》，糾正鄭注《周易》重訓詁、輕義理的弊病，對後來的《周易》研究產生了重大影響。王弼的《周易注》包括《經》的部分及《傳》的《文言》、《彖》、《象》等。晉代，韓康伯繼承王弼的思想，續注〈繫辭〉、〈說卦〉、〈序卦〉、〈雜卦〉等。唐代，孔穎達奉敕修撰《五經正義》，其中的《周易正義》就取王弼、韓康伯注本。因為《周易正義》是權威的注本，所以影響了當時及後世易學研究的方向。

▎《尚書》

《尚書》古稱《書》。尚，通「上」，指上古；「書」，指歷史簡冊。「尚書」的意思，就是上古的史書。具體來說，《尚書》是夏、商、周三代的歷史文獻彙編，包括國家的號令、誓詞、重要談話紀要以及專題記事，其文體主要有典、謨、訓、誥、誓、命六類。

《尚書》分為〈虞書〉、〈夏書〉、〈商書〉、〈周書〉四部分。其中，〈虞書〉、〈夏書〉是商、周時期的人根據遠古傳說和一些從夏代傳下來的資料追記而成的；〈商書〉一部分是商代流傳下來的文獻，一部分經過後人的加工；〈周書〉是周代的檔案文獻。

相傳《尚書》原來有三千篇，孔子將其進行整理，選定百篇，並為各篇作序。後人對這一說法有懷疑，但一般都確信孔子對《尚書》做過整理修訂。由於秦始皇焚書以及接連的戰爭，戰國時流行的《尚書》大部分散失了。濟南人伏勝，人稱伏生，原是秦朝的博士，秦始皇焚書時，他把一部《尚書》藏在牆壁中。漢朝建立後，他取出這部書，發現一部分已經朽壞，只剩下二十八篇。他以此作為教本，在本鄉授徒講學。漢文帝時，朝廷搜求古籍，派晁錯到伏生家請教，晁錯筆錄後帶回朝廷。後來，民間又發現了《尚書》的一篇，名為〈泰誓〉，於是《尚書》成了二十九篇。雖然後

來有人認為〈泰誓〉可疑，不過，當時的人把它看作真的。西漢流行的這部包括二十九篇的《尚書》，是用當時通用的隸書抄寫的，所以被稱為今文《尚書》。西漢傳授今文《尚書》的有三家，即歐陽高、夏侯勝及其侄子夏侯建，三家均被立於學官。

在今文《尚書》流行的同時，又陸續發現了用先秦古文字書寫的古文《尚書》。劉歆請求朝廷將其立於學官，但遭到今文博士的反對。古文《尚書》雖未被立於學官，但因劉歆的倡導而得到傳播。東漢時期，今文《尚書》雖仍處於官學地位，但因神祕和瑣碎的學風而逐漸衰落。古文《尚書》則日益受到歡迎，逐漸取代了今文《尚書》的地位而成為主流。

東晉時期，梅頤向朝廷獻上一部古文《尚書》，聲稱是漢代孔安國所註釋的真本古文《尚書》，後人稱之為《偽古文尚書》。該書共五十八篇，實際上由真、偽兩部分組成。真的屬今文二十八篇，但偽造者把它們析為三十三篇；偽的有二十五篇。這部偽書十分流行，在相當長的時期內，人們把它看作由孔安國註釋的古文《尚書》。唐代修撰《五經正義》，《尚書》即選用該本，孔穎達根據所謂「孔傳」而作了「正義」，作為官定之本頒行全國。後來此書由宋人收進《十三經註疏》，通行至今的《尚書》，也是這部《偽古文

附錄

尚書》。從北宋吳棫開始，不少人對通行的《尚書》加以質
疑。到了清代閻若璩，才完成了對《偽古文尚書》的辨偽。
《偽古文尚書》定案後，二十五篇偽作被推翻，今文二十八
篇重新受到重視。

《詩經》

　　《詩經》原稱《詩》或《詩三百》；漢儒將其奉為經典，
故稱《詩經》。《詩經》是中國第一部詩歌總集，編成於春
秋時期，其作品基本上產生於西周初期到春秋中期，大致跨
越五百年的歷史。

　　《詩經》共有三百零五篇，按「風」、「雅」、「頌」
三部分編排而成。「風」，也稱「國風」，有一百六十篇，
占《詩經》作品的大半，主要是十五個國家和地區的民間詩
歌，以其所在國家或地區的名字來命名，包括〈周南〉、〈召
南〉、〈邶風〉、〈鄘風〉、〈衛風〉、〈王風〉、〈鄭風〉、
〈齊風〉、〈魏風〉、〈唐風〉、〈秦風〉、〈陳風〉、〈檜
風〉、〈曹風〉、〈豳風〉。大致說來，這些國家或地區在今
天的陝西、山西、河南、河北、山東和湖北北部。「國風」
的內容極為豐富，涉及農業勞動、行役之怨、相思愛戀、婦
女婚姻、感嘆興亡、諷刺批判、民風民俗等方面。

　　「雅」有一百零五篇，都是貴族的作品。其中，〈大雅〉

三十一篇，〈小雅〉七十四篇。〈大雅〉大部分是西周前期的作品，全是朝會樂歌。其中，一部分是歌頌文王和大臣功業的頌歌；還有五篇周人的開國史詩，包括〈生民〉、〈公劉〉、〈綿〉、〈皇矣〉、〈大明〉；另外有一部分政治諷喻詩。〈小雅〉基本上是西周後期的作品，其中一部分是朝會和宴饗的樂歌，與〈大雅〉類似；大部分作品是諷諫怨刺之作，感嘆身世、抒發悲怨；另外有一些反映貴族生活習俗的詩。

「頌」有四十篇，其中〈周頌〉三十一篇，〈魯頌〉四篇，〈商頌〉五篇，它們都是宗廟祭祀樂歌。〈周頌〉是西周王室的宗廟祭祀樂歌，主要產生於西周前期，其中絕大多數是祭祀先王和山川神明的頌歌，也有小部分是祈求豐收的農事詩。〈魯頌〉是春秋時期魯國的宗廟祭祀樂歌。魯國是周公的封地，因為周公的功勞大，所以魯國後裔可以使用天子的禮樂，這樣就有了〈魯頌〉。〈商頌〉是宋國的宗廟祭祀樂歌。宋國是殷商的後裔，周武王滅商後，封微子啟於宋，被允許修其禮樂以奉祀商的先王。

《詩經》是中國文學的源頭，有著鮮明的藝術特點，主要表現在賦、比、興三種表現手法的成熟運用上。朱熹在《詩集傳》中解釋：賦，就是鋪陳直敘，直接敘述所要描寫的事物，抒發內心的情感；比，是比喻，利用兩種或幾種事

物之間的相似點來打比方；興，就是起興，是透過先寫其他事物來引出詩歌所要描寫的事物。賦、比、興是漢代以後對詩歌表現手法的一種總結，也是以《詩經》為代表的中國詩歌的表現特點。

漢代傳授《詩經》的有魯、齊、韓、毛四家。其中，前三家屬於今文經，《毛詩》屬於古文經。魯、齊、韓「三家《詩》」流行於西漢；東漢以後，古文經盛行，《毛詩》受到青睞。鄭玄為《毛詩》作「箋」，完成了《毛詩傳箋》，擴大了《毛詩》的影響。此後，《毛詩傳箋》的地位日益鞏固，「三家《詩》」就不再通行。唐代初期，孔穎達為《毛詩傳箋》作疏而成《毛詩正義》，作為《五經正義》的一種。此書頒行後，成為唐代《毛詩》學的正宗。南宋朱熹的《詩集傳》，對《詩經》思想和藝術的認知比較符合實際，其註釋文字淺白，章後又有概括性的說明，較為便於閱讀，所以一直盛行不衰。

▌《儀禮》、《禮記》和《周禮》

「十三經」中有《儀禮》、《禮記》和《周禮》，因東漢末年鄭玄為這三部書作注，故有「三《禮》」之名。《儀禮》曾是孔子教授學生的課程，在漢代是「五經」之一；《禮記》本是儒家學者所寫的解釋《儀禮》的文字，是禮學論文集，

在唐代取得了經書的地位；《周禮》原名《周官》，西漢末年才改稱《周禮》，是記錄先秦政治體制和官制的書。

（1）《儀禮》

《儀禮》原來叫做《禮》，漢代人稱為《士禮》或《禮經》，大約在晉代改稱《儀禮》。《儀禮》是記載先秦貴族生活和禮儀制度的書，孔子曾將它作為教授學生的課程。孔子之後，儒家一直重視傳習《儀禮》，後來雖遭秦火，依然傳習不絕。西漢初年，魯人高堂生最早傳授《儀禮》十七篇，後來傳授《儀禮》較著名的有慶普、戴德（大戴）、戴聖（小戴），三家都被立於學官。

東漢時期，大戴《禮》和小戴《禮》被立於學官，民間則重視慶氏《禮》。東漢末年，鄭玄的《儀禮注》對十七篇逐句解釋，具有很高的學術價值。現在通行的就是鄭玄的注本。

（2）《禮記》

《禮記》本是解釋《儀禮》的書，即《儀禮》傳習中儒家學者寫的解釋、說明和補充《儀禮》的所謂「記」。《禮記》原來並沒有獨立成書，而是附在《儀禮》後面與其一起流傳。這些「記」，不是一人一時之作，而是世代累積的。到了西漢，經過秦火和戰亂，剩下的古「記」已經不多。西

漢禮家從這些古記中各取所需，編輯成冊，用於輔助《儀禮》的學習。經過長期選擇和淘汰，大約在東漢中期，大戴《禮記》八十五篇和小戴《禮記》四十九篇這兩個本子得到社會的承認，被保留下來。

東漢末年，鄭玄給小戴《禮記》四十九篇作注，使其廣泛流傳。大戴《禮記》雖然也有傳本，但因為不受重視，在流傳過程中散佚了四十六篇，只保存下來三十九篇。鄭玄除了給小戴《禮記》作注，還註釋了《儀禮》和《周禮》，從此，小戴《禮記》與鄭注《周禮》、《儀禮》並稱「三《禮》」。

從性質上講，《禮記》是對《禮經》即《儀禮》的解釋，但就今天所看到的內容來講，它並不是依經而作，實際上是一部儒家的雜纂。《禮記》所涉內容廣泛，對先秦的政治制度、經濟制度、思想學說、社會理想、生活禮節以及各種生活規範等都有所紀錄和反映，對政治史、文化史和學術史研究來說，都是寶貴的資料。

唐代，孔穎達奉敕撰《五經正義》，其中《禮記正義》選用鄭玄的《禮記注》，從此，《禮記》的官學地位確立，代替《儀禮》的位置，名列唐代的「五經」，《禮記》也成了小戴《禮記》的專名。宋代，《禮記》中的《大學》、《中庸》兩篇，得到道學家的表彰，朱熹為之作章句，並將其與《論語》、《孟子》一起，配成「四書」。

（3）《周禮》

《周禮》原名《周官》，相傳是西漢景、武之際，由河間獻王劉德從民間徵得，獻給朝廷的一部古書。它起初並未受到重視，西漢後期，劉向、劉歆父子整理皇家圖書時發現了它。王莽時期，因劉歆奏請，《周官》被列入學官，改名為《周禮》。王莽失敗後，這部書又遭到冷遇，直到東漢末年鄭玄為它作注，才通行天下。

《周禮》的作者相傳是周公，但是目前一般認為，它不是一人一時所作，成書時間大約在戰國後期。《周禮》的內容，包括〈天官〉、〈地官〉、〈春官〉、〈夏官〉、〈秋官〉、〈冬官〉六篇。在西漢重新出現時，只有五篇，〈冬官〉一篇亡佚，遂另取內容相近的〈考工記〉，湊足六篇。《周禮》把天地四時與六大官屬相連繫，構成國家行政機構體系。六大官屬是：天官冢宰，即太宰，是六官之首，主管朝廷及宮中事務；地官司徒，主管土地和戶口，負責分配土地、收取賦稅；春官宗伯，主管祭祀和禮儀；夏官司馬，主管軍政；秋官司寇，主管刑罰、司法、治安；冬官司空，主管百工。

六官是國家中樞的六部分，中樞又管理地方，書中所列三百六十多個官職，其中有中樞的屬官，也有地方官，我們可以透過這些官職的記述，了解一整套國家行政機構模式。

附錄

　《周禮》是系統敘述先秦時期政治制度的典籍，但它所記述的職官、政治制度，從西周直到戰國都沒有完全實行。所以說，《周禮》既利用了西周至戰國的許多材料，又加以理想化，是關於國家政治體制的藍圖。從西漢末年開始，就不斷有人把它作為國家政治、經濟制度的理論依據。例如，從隋朝開始的「三省六部制」，其中的「六部」，就是仿照《周禮》的「六官」設置的。唐朝將六部之名定為吏、戶、禮、兵、刑、工，作為中央官制的主體，為後世所沿用，一直到清朝。

　漢代以後，三《禮》的地位處在不斷變化中。魏晉南北朝時期，小戴《禮記》日益受到重視，《周禮》也比較興盛；《儀禮》地位下降，除了其中〈喪服〉一篇受到重視外，其他各篇很少有人涉及。唐代，以《五經正義》為標誌的新「五經」出現，小戴《禮記》正式升入「五經」的行列；過去居「五經」之列的《儀禮》則地位下降，雖然有了「九經」的名目後，它仍然屬於「經」，但「九經」畢竟不能和「五經」相提並論。宋代，學者的注意力逐漸轉向《周禮》、《儀禮》，對於《禮記》，人們只是重視其中的《大學》、《中庸》兩篇。清代禮學復興，人們的興趣也偏重於《周禮》和《儀禮》。

《春秋》及三傳

（1）《春秋》

《春秋》是漢代的「五經」之一，也是中國最早的編年體史書。它本來是魯國的史書，春秋末年，孔子曾將它作為教授學生的教材。孔子及儒家對《春秋》的重視，推動了它的流傳，並對後世產生了重大影響。

《春秋》的記事，起於魯隱公元年（前七二二年），止於魯哀公十四年（前四八一年），共二百四十二年。雖然它記事簡單，且有不少殘缺不全之處（目前全文一萬六千多字），但它還是記載了歷史上的許多大事，可信度很高。《春秋》堪稱中國史著之源，在史學方面有開拓之功。

《春秋》在政治上也有重大影響。司馬遷認為，孔子曾修訂過《春秋》，並在修訂時寄寓了自己的政治主張，即「正名」、「尊王攘夷」、「大一統」等思想。司馬遷還認為，《春秋》有獨特的寫法，叫做「春秋書法」或「春秋筆法」，即用簡單的文字來敘述歷史，在對事件和人物的褒貶中，明辨是非，抑惡揚善，寄託政治理想，為天下樹立法度。這也就是所謂「微言大義」。

由於《春秋》的經文簡約，後來有多家對它進行解釋，影響較大的有《左傳》、《公羊傳》、《穀梁傳》三種，後人

稱之為「《春秋》三傳」。這三家寫本流傳後，又分別屬於今文、古文兩個派別，其中《左傳》為古文，《公羊傳》和《穀梁傳》為今文。

(2)《春秋左氏傳》

《春秋左氏傳》原名《左氏春秋》，通稱《左傳》。它的作者，相傳是春秋末年魯國人左丘明。

西漢前期，《左傳》的流傳並不廣。直到西漢後期，劉歆校理皇家圖書時，才發現了它。劉歆建議將其立於學官，但遭到今文博士的反對。王莽當政時，將它立於學官。

東漢時期，雖然《公羊傳》是官學，但學者的興趣在《左傳》。今文經學家何休不甘心《公羊》學的衰落，著書貶責《左傳》和《穀梁傳》，古文經學家鄭玄起而加以辯駁。兩派爭論的結果是，《公羊》學日益衰落，《左傳》學日益興盛。

西晉時期，杜預在吸收前人成果的基礎上，完成了《春秋左氏經傳集解》一書。唐代初期《五經正義》中的《春秋正義》，用的就是杜注《左傳》。南宋刊行《十三經註疏》，其中的《春秋左傳正義》，即杜預注、孔穎達正義的版本。

(3)《春秋公羊傳》

《春秋公羊傳》，簡稱《公羊傳》，又稱《公羊春秋》。《公羊傳》的作者，傳說是公羊高，但也有人說是公羊高的後代公羊壽，至今無定論。

《公羊傳》採用對答體的形式，對《春秋》經文進行逐句逐層的解釋。其重點在於探求經文的「微言大義」，所以不像《左傳》那樣對事件做詳細記敘，而是對經文的隻言片語進行冗長瑣碎的議論。可以說，《左傳》以「史」為主，《公羊傳》以「義」為主。

西漢時期，最早傳授《公羊傳》的是胡母生（一作「胡毋生」）和董仲舒。漢武帝時，董仲舒受到重用，《公羊》學也成為顯學，這一時期的許多政治活動，都打上了《公羊》學的烙印。到了西漢末年，《公羊》學和讖緯混為一談，逐漸走向衰落。東漢時期，《公羊》學雖仍為官學，但已不為學者所重。何休費盡心血撰成了《公羊春秋解詁》，之後，《公羊》學完全衰落。唐代，徐彥為何休《公羊春秋解詁》作疏，即宋代收入《十三經註疏》的《春秋公羊傳註疏》。清代，《公羊》學復興，到了晚清更是盛極一時。晚清學者自龔自珍、魏源直至康有為，都援引《公羊》大義議論時政，使之成為解決現實政治問題的理論武器。

(4)《春秋穀梁傳》

《春秋穀梁傳》簡稱《穀梁傳》，又稱《穀梁春秋》。關於它的作者，班固說是魯人穀梁赤。穀梁是姓，至於他的名，至今也無定論。《穀梁傳》與《公羊傳》一樣，採用一問一答的形式隨經作傳，逐句逐層解釋經文，重在闡發道理而不是記敘史實。《公羊傳》與《穀梁傳》雖然同是重在釋義，但有不同之處：《公羊傳》釋「微言大義」，《穀梁傳》只釋「大義」而不釋「微言」。

西漢的《穀梁傳》傳自魯人申公。到漢宣帝時，《穀梁》學興盛一時，出現了一批名家，其中最著名的是劉向。東漢以後，《穀梁》學日益衰微，在《春秋》三傳中最不景氣。東晉范寧作《春秋穀梁傳集解》，唐代楊士勛為范寧的集解作疏，即宋代被收入《十三經註疏》的《春秋穀梁傳註疏》。

▎四書

「四書」是《論語》、《孟子》、《大學》、《中庸》的總稱。

「四書」之名的形成有一個過程。《論語》早在漢代就是婦孺必讀的書；《孟子》在漢代雖流行一時，但很快就不被重視了；《大學》和《中庸》原本是《禮記》中的兩篇文章，並未獨立成書；《孟子》、《大學》、《中庸》直到唐代韓愈、

李翱和宋代二程，特別是到了朱熹那裡，才受到了極大的重視。

「四書」

中唐韓愈及其弟子李翱提倡道學，開始重視《孟子》、《大學》、《中庸》。北宋的二程將《禮記》中的《大學》、《中庸》兩篇與《論語》、《孟子》並重。他們認為《大學》是孔子講授「初學入德之門」的要籍，由曾子整理成文；《中庸》是孔門傳授心法之書，是孔子的孫子子思傳授給孟子的。它們共同表達了儒家的基本思想。基於二程的觀點，朱熹把《大學》、《中庸》從《禮記》中獨立出來，與《論語》、《孟子》合成一書，並分別做了註釋，這就是《四書章句集注》。在編排次序上，朱熹按照由淺入深的順序，首列《大學》，次列《論語》和《孟子》，最後列《中庸》。後人則因為《大學》、《中庸》的篇幅較短，為了刻寫出版的方便，把《中庸》提到《論語》之前，成了通行的《大學》、《中庸》、《論語》、《孟子》的順序。朱熹幾乎用了畢生精力來研究「四書」，「四書」的哲理成為他構造自己思想體系的基礎。經過他的研究，「四書」條理貫通，無所不備。

朱熹《四書章句集注》受到統治者青睞是元朝的事。元仁宗即位後，恢復了停止已久的科舉考試，決定以《四書

章句集注》為標準課試士子。到了明朝永樂年間,朝廷頒行《四書大全》作為科舉考試的標準參考書。當時,《五經大全》也同時頒行,但因為科舉考試以「四書」為重,「四書」的地位逐漸超過「五經」,後來「五經」幾乎到了束之高閣、無人問津的地步。

明、清兩代的科舉考試範圍都是在朱注「四書」裡,這使「四書」不僅成為儒學的重要經典,而且成了每個讀書人的必讀書。於是,「四書」的主要內容,作為當時人們的基本信仰與信念,成為安身立命之道。「四書」所傳達的儒家核心價值,又透過私塾鄉校、說書唱戲等渠道流向社會,影響著世道人心,對人格心理的塑造造成了巨大的作用。

四書中的《論語》、《孟子》前文已經做了介紹,下面介紹一下《大學》、《中庸》。

▌《大學》

《大學》原是《禮記》中的一篇,是論述儒家人生哲學的論文,一般認為是春秋時期的曾子所作。曾子,名參,是孔子的弟子,以孝著稱。

朱熹在《大學章句序》中說,「大學」是相對「小學」而言。八歲入小學,學的是「灑掃、應對、進退之節,禮樂、射御、書數之文」;十五歲入大學,學的是「窮理、正

心，修己、治人之道」。就是說，「大學」不是教人具體知識、技術、禮儀的，而是教人學習如何修身以及如何治國安邦的。

關於《大學》一書的作用，朱熹說：「大學之書，古之大學所以教人之法也。」（〈大學章句序〉）他認為，《大學》這部書是古代大學進行教育的法則。

朱熹非常重視《大學》在儒學中的地位，將其放在四書之首。他說：「某要人先讀《大學》，以定其規模；次讀《論語》，以立其根本；次讀《孟子》，以觀其發越；次讀《中庸》，以求古人之微妙處。」（《朱子語類》卷十四）朱熹主張在「四書」中先讀《大學》，以立其規模。所謂立規模，好比是造房子，應先根據構想造出房子的框架。由於《大學》講的是關於做人的大旨，指明了人生努力的目標與次第，所以朱熹強調應先讀《大學》，建立一個做人的總體目標和具體實施方案。

《大學》的版本有兩個系統：一是《禮記》中《大學》的原文，稱為古本，明代王守仁就持守古本；一是經過朱熹編排整理，分為經、傳的《大學章句》本。朱熹將《大學》分出次序，分為十一章，即經一章、傳十章，並認為傳的第五部分，也就是「格物致知章」已經缺失，於是作了補傳。他認為，經是孔子所寫，概述全書的要旨；後面的傳是曾子

所寫，是對經的要旨的說明。

《大學》的第一章，朱熹稱為「經一章」，認為這是全文的總綱，包含有「三綱領，八條目」。後面的十章，都是對「三綱領，八條目」的解釋說明。

所謂「三綱領」，即明明德、親民、止於至善，這是治理國家的三條基本原則。

「明明德」，就是在整個社會弘揚美好的德行。「親民」就是「新民」，即透過教化，使人民在道德上棄舊圖新、棄惡從善。「止於至善」就是使人人都處於完美的善的境界。

所謂「八條目」，即格物、致知、誠意、正心、修身、齊家、治國、平天下。這是實現「三綱領」的八個步驟。

「格物」就是探究萬事萬物的道理。「致知」就是獲得知識，認知到萬事萬物的本來之理。「誠意」就是意念真誠，真心實意。「正心」就是心思端正，恪守儒家所提倡的正道，控制好自己的情緒和慾望。「修身」就是修養自身的品性。「齊家」就是管理自己的家庭和家族，教導家族做到孝、悌、慈。「治國」就是治理國家。這裡的「國」，指諸侯國。統治者必須以身作則才能治國。「平天下」就是使整個天下太平，這是儒家的最高理想。八個條目，最後落實到「平天下」。

「八條目」前後相續，逐步推進，前五條為修己，後三條為治人，治人必須以修己為前提，也就是以修身為本。

總之，「三綱領」指出了人生的目標與方向，「八條目」則羅列了實現「三綱領」的具體方式與途徑。這樣，就把道德修養和治理國家結合為一體。

《大學》是儒家的人生哲學，是積極入世、奮發進取的人生觀。它要求個體努力修養，達到道德的自我完善，進而齊家，並擔負起治國、平天下的社會責任。它把儒家的道德理想和政治理想作為個人的奮鬥目標，最終目的是建立一個開明的社會。這一人生哲學影響了當時每一位讀書人，樹立了後世的價值觀，進而影響了中華民族的精神面貌。

《中庸》

《中庸》也是《禮記》中的一篇，是儒家論述人生修養境界的道德哲學論文，一般認為是戰國時期的子思所作。子思，姓孔名伋，是孔子的孫子、曾子的弟子，被後世尊為「述聖」。《中庸》具有濃厚的理論色彩，朱熹認為讀「四書」要最後讀《中庸》。《四書章句集注》始將《中庸》分為三十三章，我們可從以下五個方面來概括全文：

(1) 什麼是「中庸」

朱熹解釋說:「中者,不偏不倚、無過不及之名。庸,平常也。」(《中庸章句》題注)他又說:「中庸者,不偏不倚、無過不及,而平常之理。」(《中庸章句》第二章)就是說,「中庸」指凡事都要不偏不倚、無過無不及,這一道理是恆常普遍而又平實切近的。簡言之,凡事取其中,這是不變之常理,也就是中庸之道。

從人在生活中所表現出的感情、慾望來說,「中庸」就是「致中和」。《中庸》說:「喜怒哀樂之未發,謂之中;發而皆中節,謂之和。」這是說,喜怒哀樂尚未表現出來時,心中是平靜的,所以叫做「中」;喜怒哀樂表現出來後符合節度,叫做「和」。「致中和」即達到中和,具體說就是:各種感情、慾望發生時,自然而然地合於禮節。這是儒家對人在表現感情、慾望時的基本要求,中庸之道的精髓也在於此。《中庸》強調了「中和」的重要性:「中也者,天下之大本也;和也者,天下之達道也。」這是說,「中」是每個人都具備的本性,「和」是天下共同遵循的原則。它還指出了「致中和」的意義:「致中和,天地位焉,萬物育焉。」意思是說,如果達到了「中和」的境界,天地就能各在其位,萬物就能茂盛生長。(以上引文見《中庸》第一章)

從人在生活中對待事物的態度和方法來說,「中庸」就

是「執其兩端，用其中於民」（《中庸》第六章），簡而言之就是「執兩用中」。這裡的「中」，指恰當、不偏不倚、無過無不及。「執兩用中」，就是根據過與不及兩端的情況，找到適合事理之宜的最佳點，把最適合的辦法和政策施用於民，真正做到恰到好處。

(2) 以「天」為道德本體

《中庸》十七章引孔子的話說：「故天之生物，必因其材而篤焉。」這是說，「天」生養萬物，必定根據它們的資質而厚待它們。這裡明確了「天」是萬物產生的本源。又說：「故大德者必受命。」意思是，有大德的人，必然受命於天，擔當天所賦予的重任。而對於這樣有大德的聖人，「凡有血氣者，莫不尊親，故曰配天」（《中庸》第三十一章）。這是說，凡是有血氣的人，對待聖人沒有不尊敬愛戴的，所以說聖人的美德可以與天相配。這是一種至德「配天」的思想，認為聖人的大德與天德相合、相配。可見，這裡的「天」是宇宙萬物的終極本源，而作為本體的天，也是有德性的天。

《中庸》認為，「天」在生人、生物時，就把德性賦予了人和物，所以天德內在於人、物的本性。既然人、物具有天賦的德性，那麼只要遵循天賦的德性而行，就合乎天道。然而，由於人、物的氣稟有差異，並不是所有的人、物都能盡性合天，因此教化、修養是必要的。這就是《中庸》第一章

說的「天命之謂性，率性之謂道，修道之謂教」。

那麼，天德的內涵是什麼呢？《中庸》認為是「誠」。「誠」是真實無妄的意思。《中庸》第二十章說：「誠者，天之道也。」這是說，「誠」是天德的內涵，是天遵循的原則，即天道。正是依賴以「誠」為內涵的德性之天，紛繁複雜、生生不已的社會乃至宇宙萬物才得以生成。

在宇宙萬物中，聖人天生真誠，不用勉強就能做到誠，不用思考就能擁有誠。但普通人往往不能直接做到誠，他們必須要經過自我反省，選擇善的目標而執著追求，才能做到誠。所以《中庸》說：「誠之者，人之道也。」（第二十章）就是說，努力追求真誠，是做人的原則。

（3）以君子為道德主體

雖然人、物都具備天命之性，但由於氣稟的差異，一般人、物的德性往往被慾望所遮蔽，所以道德自覺和道德踐履只有君子才有。聖人是君子的極致，因而只有君子才是現實的道德主體。君子由「中庸」所衍發的德行有很多方面，例如：

- 「**時中**」：隨時而處中，也就是隨時做到適中。（《中庸》第二章）

- 「**和而不流**」：性情平和而又不隨波逐流。（《中庸》第十章）

- 「**中立而不倚**」：以中庸立身而不偏不倚。（《中庸》第十章）

- 「**遯世不見知而不悔**」：真正的君子遵循中庸之道，即使隱遁在世間，一生不為人所知，也絕不後悔。（《中庸》第十一章）

- 「**以人治人，改而止**」：根據為人的道理來治理人，只要他能改正錯誤就行。（《中庸》第十三章）

- 「**忠恕**」：「施諸己而不願，亦勿施於人」，即自己不願意做的事情，不要強加給別人。（《中庸》第十三章）

- 「**言顧行，行顧言**」：言論符合自己的行為，行為符合自己的言論。（《中庸》第十三章）

- 「**素其位而行，不願乎其外**」：安於現在所處的地位，去做應做的事，不羨慕這以外的事。（《中庸》第十四章）

- 「**無入而不自得**」：無論處於什麼情況下都安然自得。（《中庸》第十四章）

- 「**正己而不求於人**」：端正自己而不苛求別人。（《中庸》第十四章）

- 「**上不怨天，下不尤人**」：上不抱怨天，下不抱怨人。（《中庸》第十四章）

- 「**居易以俟命**」：安居現狀來等待天命。（《中庸》第十四章）

（4）德性倫理政治

《中庸》認為，在社會中，一切事物都以德為本。社會中有五種倫理關係，即「五達道」：君臣、父子、夫婦、兄弟、朋友。這五種人倫關係本於三種道德，即「三達德」：智、仁、勇。三種道德對於處理好五種倫理關係具有促進作用，做到了有智慧、能愛人、勇敢無畏，才能實現君臣、父子、夫婦等關係的和諧。這些道德最終會提升到合於天德的「誠」的高度，以「誠」來保持道德的自覺性、一貫性。

在政治領域，《中庸》也以德性作為從政者必備的素養，這就是「九經」：「修身」、「尊賢」、「親親」、「敬大臣」、「體群臣」、「子庶民」、「來百工」、「柔遠人」、「懷諸侯」。這裡將君主的行政事務歸納為九種，其中第一項就是「修身」。而君主正是從「修身」開始，在行政事務中體現出尊、親、敬、體、子、來、柔、懷等德性，才能治理好天下。可見，《中庸》將人的道德修養和治國安邦結合在一起。這九種事務的完成，可歸結為一個「誠」字。「誠」作為最高的德性，是君主素養的根本。（以上引文見《中庸》第二十章）

（5）德性宇宙

《中庸》認為，道德主體如果能夠誠身合天，不僅能夠成就一個道德社會，而且可以與天地並立。第二十二章說：「唯天下至誠，為能盡其性；能盡其性，則能盡人之性；能盡人之性，則能盡物之性；能盡物之性，則可以贊天地之化育；可以贊天地之化育，則可以與天地參矣。」意思是，只有極其真誠的人，才能充分發揮自己的本性；能充分發揮自己的本性，才能充分發揮眾人的本性；能充分發揮眾人的本性，才能充分發揮萬物的本性；能充分發揮萬物的本性，就可以幫助天地化育生命；能幫助天地化育生命，就可以與天地並列為三了。也就是說，至誠的道德主體，與天地具有相同的性質和作用，成為天地的合作者以及萬物的治理者，因此成為宇宙的第三極（人極）而與天地並列。由於「人極」為天地立心，於是三者構成了充溢著聖人之道的德性宇宙。

總之，《中庸》包含一個道德形上學的思想體系，它以道德本體為始基，以道德主體為核心，展現了一個本於「誠」的天道與人道相貫通、個人與社會相協調、人類與宇宙相和諧的架構。

電子書購買

國家圖書館出版品預行編目資料

儒學思想的時代演變 —— 從聖人到朱熹：萬世
師表、王道使者、經學大家、古文領袖、道統
傳人……歷代先哲的學術流變 / 韓品玉主編，
于慧，翟榮惠編著 . — 第一版 . — 臺北市：崧
燁文化事業有限公司 , 2023.05
面； 公分
POD 版
ISBN 978-626-357-281-2(平裝)
1.CST: 儒家 2.CST: 中國哲學史
121.2 112004628

儒學思想的時代演變 —— 從聖人到朱熹：萬世師表、王道使者、經學大家、古文領袖、道統傳人……歷代先哲的學術流變

臉書

主　　　編：韓品玉

編　　　著：于慧，翟榮惠

發 行 人：黃振庭

出 版 者：崧燁文化事業有限公司

發 行 者：崧燁文化事業有限公司

E - m a i l：sonbookservice@gmail.com

粉 絲 頁：https://www.facebook.com/sonbookss/

網　　　址：https://sonbook.net/

地　　　址：台北市中正區重慶南路一段六十一號八樓 815 室

Rm. 815, 8F., No.61, Sec. 1, Chongqing S. Rd., Zhongzheng Dist., Taipei City 100, Taiwan

電　　　話：(02) 2370-3310　　　傳　　　真：(02) 2388-1990

印　　　刷：京峯彩色印刷有限公司（京峰數位）

律師顧問：廣華律師事務所 張珮琦律師

定　　　價：350 元

發行日期：2023 年 05 月第一版

◎本書以 POD 印製